8 Passi per Diventare un Maestro della Pianificazione Finanziaria

Sommario

Introduzione

La pianificazione finanziaria non è semplicemente un'abilità tecnica riservata agli esperti di economia, ma un elemento fondamentale della vita quotidiana che tocca ogni aspetto dell'esistenza, dal benessere personale alla sicurezza a lungo termine. Viviamo in un'epoca in cui le sfide economiche sono in costante evoluzione: la crescente instabilità dei mercati globali, l'avvento della tecnologia e la complessità normativa rendono essenziale una gestione consapevole delle risorse. È in questo contesto che emerge l'importanza della pianificazione finanziaria, non solo come strumento di gestione del denaro, ma come un pilastro per costruire una vita stabile, soddisfacente e orientata agli obiettivi.

La chiave per una pianificazione finanziaria efficace risiede nella capacità di bilanciare le esigenze immediate con gli obiettivi futuri. Questo equilibrio non si limita alla gestione del reddito e delle spese; include anche l'ottimizzazione degli investimenti, la protezione del patrimonio, la pianificazione fiscale e l'educazione finanziaria continua. Ogni decisione economica, grande o piccola, contribuisce a costruire un mosaico che rappresenta non solo il nostro stato finanziario attuale, ma anche la visione che abbiamo per il futuro. Tuttavia, molti si trovano a navigare in questo intricato panorama senza un piano chiaro, affrontando le finanze in modo reattivo piuttosto che proattivo.

Un aspetto centrale della pianificazione finanziaria è la definizione degli obiettivi personali. Questi possono variare enormemente da persona a persona, ma condividono un denominatore comune: la necessità di essere chiari, realistici e ben definiti. Che si tratti di acquistare una casa, costruire un fondo per l'istruzione dei figli o accumulare risorse per una pensione confortevole, la pianificazione finanziaria aiuta a trasformare i desideri in risultati concreti. Stabilire obiettivi significa anche riconoscere le proprie priorità e impegnarsi a lavorare verso di esse in modo sistematico e disciplinato. La gestione del denaro quotidiano, attraverso strumenti come il bilancio personale, rappresenta un primo passo verso il controllo finanziario. Un bilancio ben strutturato consente di monitorare le entrate e le uscite, individuare opportunità di risparmio e garantire che ogni euro sia speso in modo strategico. Tuttavia, non si tratta solo di numeri: un bilancio riflette le nostre scelte di vita, le nostre priorità e i nostri valori. È un esercizio di consapevolezza che va oltre la semplice registrazione delle transazioni per diventare un potente strumento di auto-riflessione e pianificazione. L'educazione finanziaria è un altro elemento imprescindibile. Comprendere i principi fondamentali della gestione del denaro, degli investimenti e delle imposte non è solo utile, ma essenziale in un mondo in cui la complessità economica può facilmente sopraffare chi non è preparato. L'educazione finanziaria non si limita a fornire conoscenze tecniche; include anche la capacità di riconoscere e gestire le emozioni e i pregiudizi che spesso influenzano le decisioni economiche. La psicologia finanziaria, in particolare, sottolinea come fattori come la paura, l'euforia e i pregiudizi cognitivi possano alterare il nostro comportamento e portarci a scelte irrazionali. Un aspetto cruciale della pianificazione finanziaria è la gestione del rischio, che si manifesta in molteplici forme: dalle fluttuazioni dei mercati agli imprevisti personali, come emergenze mediche o perdita del lavoro. Costruire un fondo di emergenza, investire in modo diversificato e adottare strategie assicurative adeguate sono passi fondamentali per proteggere il patrimonio e garantire la sicurezza finanziaria. La diversificazione, in particolare, non è solo una strategia di investimento, ma un principio che può essere applicato a molti aspetti della gestione finanziaria per ridurre l'esposizione a rischi eccessivi. Gli investimenti rappresentano un

altro pilastro della pianificazione finanziaria. Mentre il risparmio garantisce stabilità e protezione contro le incertezze, gli investimenti offrono opportunità di crescita e costruzione di ricchezza nel lungo termine. Tuttavia, investire non è un'attività priva di rischi; richiede conoscenza, disciplina e una strategia ben definita. Comprendere i mercati finanziari, valutare il proprio profilo di rischio e sviluppare un piano di investimento coerente con gli obiettivi personali sono passi essenziali per navigare con successo in questo ambito. La pianificazione fiscale, spesso trascurata, gioca un ruolo fondamentale nell'ottimizzazione delle risorse. Gestire le imposte in modo strategico non significa solo ridurre l'onere fiscale, ma anche garantire che ogni decisione finanziaria sia allineata agli obiettivi personali. Dalla scelta del momento giusto per vendere un investimento all'utilizzo di conti fiscali agevolati, la pianificazione fiscale può fare la differenza tra un piano finanziario efficace e uno inefficiente. Infine, la tecnologia sta rivoluzionando il panorama della pianificazione finanziaria. Strumenti digitali, come applicazioni di budgeting, piattaforme di investimento online e consulenti robo-advisory, stanno democratizzando l'accesso a servizi finanziari avanzati. Tuttavia, con queste opportunità emergono anche nuove sfide, come la protezione dei dati personali e la gestione della complessità tecnologica. In conclusione, la pianificazione finanziaria è molto più di un insieme di tecniche e strategie: è un percorso verso una vita più equilibrata, serena e prospera. Attraverso la consapevolezza, la conoscenza e l'impegno, chiunque può padroneggiare le proprie finanze, trasformando il denaro da una fonte di stress a uno strumento per raggiungere obiettivi e realizzare aspirazioni. Questo viaggio richiede dedizione e pazienza, ma i benefici sono immensi: non solo in termini economici, ma anche di libertà, sicurezza e soddisfazione
personale.

Capitolo 1: Le Basi della Gestione Finanziaria

La gestione finanziaria è il fondamento su cui si costruisce la sicurezza economica e il benessere personale. È una competenza essenziale che riguarda tutti, indipendentemente dal reddito, dallo stile di vita o dagli obiettivi. Tuttavia, molte persone affrontano le proprie finanze senza un piano chiaro, reagendo agli eventi piuttosto che anticiparli. Questo capitolo approfondirà le basi della gestione finanziaria, offrendo strumenti pratici e strategie per comprendere il proprio rapporto con il denaro, stabilire obiettivi e creare un sistema efficace per gestire le risorse.

Un punto di partenza essenziale è la **consapevolezza finanziaria**. Prima di poter pianificare o migliorare la gestione delle proprie finanze, è necessario comprendere a fondo la propria situazione economica. Questo include il calcolo del reddito netto, che rappresenta il denaro effettivamente disponibile dopo le imposte e le detrazioni. Molti sottovalutano l'importanza di conoscere esattamente quanto guadagnano e quanto spendono. Per ottenere una visione chiara, è utile monitorare tutte le entrate e le spese per almeno tre mesi, utilizzando strumenti come fogli di calcolo, app finanziarie o anche un semplice diario. Questo processo non solo rivela le abitudini di spesa, ma evidenzia anche aree in cui è possibile ridurre le spese e migliorare il risparmio.

Una volta ottenuta una chiara comprensione della propria situazione finanziaria, il passo successivo è **stabilire obiettivi finanziari chiari e raggiungibili**. Gli obiettivi possono essere a breve termine, come estinguere un debito o risparmiare per una vacanza, a medio termine, come acquistare un'auto, o a lungo termine, come accumulare un fondo pensionistico o comprare una casa. Stabilire obiettivi specifici, misurabili, raggiungibili, rilevanti e temporizzati (SMART) aiuta a mantenere la motivazione e a seguire un percorso strutturato. Ad esempio, un obiettivo generico come "risparmiare denaro" può essere trasformato in "risparmiare 10.000 euro entro 24 mesi per il pagamento iniziale di una casa". Questo livello di dettaglio rende l'obiettivo concreto e misurabile.

Una parte fondamentale della gestione finanziaria è la **creazione di un budget**. Il budget è uno strumento che consente di allocare il reddito in modo strategico, garantendo che tutte le necessità siano soddisfatte e che rimangano fondi per il risparmio e gli investimenti. Un metodo popolare per creare un budget è la regola del 50/30/20, che prevede di destinare il 50% del reddito alle necessità (come alloggio, alimentazione e trasporti), il 30% ai desideri (come intrattenimento e hobby) e il 20% al risparmio o alla riduzione del debito. Tuttavia, ogni persona può adattare questa regola alle proprie esigenze specifiche, ad esempio aumentando la percentuale dedicata al risparmio in caso di obiettivi ambiziosi o riducendo le spese per i desideri in periodi di difficoltà economica.

Il risparmio è una componente chiave della gestione finanziaria, ma spesso è trascurato o sottovalutato. Un aspetto cruciale è creare un fondo di emergenza, un cuscinetto finanziario progettato per coprire spese impreviste come riparazioni, emergenze mediche o perdita di lavoro. La raccomandazione generale è accumulare un fondo equivalente a tre-sei mesi di spese essenziali, depositandolo in un conto accessibile ma separato dal conto corrente principale. Questo fondo non solo fornisce sicurezza economica, ma riduce anche lo stress e la dipendenza dal debito in caso di emergenza.

Un altro pilastro fondamentale della gestione finanziaria è **la riduzione e la gestione del debito**. Non tutti i debiti sono uguali; mentre alcuni, come i mutui, possono essere considerati investimenti per il futuro, altri, come il debito delle carte di credito, possono diventare un peso significativo. Per ridurre il debito in modo efficace, è utile adottare strategie come il metodo "valanga", che prevede di concentrare i pagamenti sul debito con il tasso di interesse più alto, o il metodo "palla di neve", che si focalizza sull'estinzione dei debiti più piccoli per costruire motivazione e slancio. Indipendentemente dalla strategia scelta, l'obiettivo è liberarsi il più rapidamente possibile dai debiti ad alto costo, evitando di accumularne ulteriormente.

La gestione finanziaria include anche una pianificazione per il futuro attraverso gli **investimenti**. Gli investimenti consentono di far crescere il capitale nel tempo, superando gli effetti negativi dell'inflazione e creando una fonte di reddito passivo. Sebbene gli investimenti possano sembrare complessi o rischiosi, è possibile iniziare con strumenti semplici come fondi indicizzati o ETF, che offrono una diversificazione a basso costo. Comprendere il proprio profilo di rischio e definire un orizzonte temporale è essenziale per scegliere gli investimenti più adatti. Ad esempio, chi ha un orizzonte temporale a lungo termine e un'elevata tolleranza al rischio può optare per un portafoglio più orientato alle azioni, mentre chi preferisce la stabilità potrebbe scegliere obbligazioni o fondi a reddito fisso.

Un altro aspetto cruciale è la **protezione del patrimonio**, che include l'acquisto di assicurazioni adeguate e la pianificazione per eventi imprevisti. Polizze come l'assicurazione sanitaria, quella sulla vita e quella sulla casa offrono una protezione essenziale contro rischi significativi. Inoltre, è importante considerare la pianificazione patrimoniale, come la creazione di un testamento o l'istituzione di un trust, per garantire che i propri beni siano gestiti e trasferiti secondo le proprie volontà.

L'educazione finanziaria è un elemento trasversale che sostiene ogni aspetto della gestione finanziaria. Investire tempo per imparare i fondamenti della finanza, delle imposte e degli investimenti consente di prendere decisioni più informate e di evitare errori costosi. Risorse come corsi online, libri, podcast e consulenze con esperti possono fornire le conoscenze necessarie per migliorare continuamente le proprie competenze finanziarie.

Infine, la gestione finanziaria è un processo dinamico che richiede monitoraggio e adattamento costanti. Le circostanze personali e le condizioni economiche possono cambiare rapidamente, e il piano finanziario deve evolversi di conseguenza. Effettuare una revisione regolare del proprio bilancio, del budget e degli obiettivi consente di identificare eventuali deviazioni e di apportare correzioni per mantenere il percorso verso il successo finanziario.

In conclusione, le basi della gestione finanziaria rappresentano molto più che semplici tecniche o strategie: sono la chiave per una vita economicamente stabile e gratificante. Attraverso la consapevolezza, la pianificazione e l'educazione continua, è possibile trasformare il rapporto con il denaro da una fonte di stress a uno strumento per raggiungere i propri obiettivi e vivere con maggiore serenità e libertà.

Capitolo 2: Creazione di un Bilancio Personale

La creazione di un bilancio personale è il primo passo per prendere pieno controllo delle proprie finanze e costruire una vita economicamente equilibrata. Questo strumento rappresenta una panoramica completa delle entrate e delle uscite di un individuo e permette di gestire al meglio il denaro disponibile. Non si tratta solo di un esercizio di registrazione, ma di una pratica che guida verso decisioni consapevoli, riduce l'ansia legata alla gestione del denaro e permette di lavorare in modo concreto verso obiettivi finanziari a breve, medio e lungo termine. Attraverso il bilancio, si può identificare come il denaro viene speso, individuare aree di miglioramento, tagliare le spese superflue e pianificare con maggiore precisione. L'approccio al bilancio deve partire dalla raccolta delle informazioni finanziarie, che comprendono tutte le entrate e le uscite, classificate con precisione. Tra le fonti di reddito più comuni rientrano gli stipendi netti, i redditi da attività freelance, i dividendi, gli interessi bancari e altre forme di guadagno, come vendite occasionali o redditi passivi derivanti da immobili in affitto. Questi elementi compongono il quadro delle entrate mensili, una base essenziale su cui costruire il bilancio. Sul fronte delle uscite, invece, è indispensabile distinguere tra spese fisse, come l'affitto, le bollette e i pagamenti ricorrenti di prestiti, e spese variabili, che includono alimentazione, trasporti e svaghi. È utile, inoltre, prevedere una categoria per le spese straordinarie, come riparazioni o emergenze mediche, che possono essere pianificate attraverso un fondo di emergenza. Il bilancio, una volta completata la fase di raccolta dati, può essere strutturato in diversi formati a seconda delle esigenze personali. Uno dei metodi più diffusi è il bilancio tradizionale, che presenta un semplice elenco di entrate e uscite. Un approccio alternativo è il bilancio a saldo zero, dove ogni euro è allocato a una specifica voce di spesa o di risparmio, garantendo che non vi siano somme non contabilizzate. Infine, il bilancio percentuale, basato su regole come quella del 50/30/20, suddivide le spese in proporzione: il 50% per necessità, il 30% per desideri e il 20% per risparmi o investimenti. Indipendentemente dal formato scelto, l'importante è che il bilancio rifletta con precisione la situazione finanziaria personale e sia aggiornato regolarmente. Una gestione efficace del bilancio richiede disciplina e un monitoraggio continuo. Registrare tempestivamente le spese aiuta a evitare dimenticanze e a mantenere il controllo sui flussi finanziari. Periodiche revisioni, settimanali o mensili, permettono di analizzare l'andamento del bilancio, confrontare le previsioni con la realtà e apportare eventuali aggiustamenti per correggere discrepanze o inefficienze. Durante questa fase, è importante iddentificare eventuali categorie di spesa che superano il budget previsto e decidere strategie per contenerle. Per migliorare la gestione del bilancio, possono essere utilizzate tecniche avanzate di budgeting. Il metodo della busta, ad esempio, consiste nel destinare una somma specifica a ciascuna categoria di spesa e nel limitarsi a quella cifra durante il mese. Quando i fondi per una categoria sono esauriti, non è possibile spendere ulteriormente in quell'ambito. Un'altra strategia utile è l'automazione del risparmio, che prevede di trasferire automaticamente una parte del reddito verso conti di risparmio o di investimento. Questa tecnica aiuta a consolidare l'abitudine al risparmio e a garantire che le priorità economiche siano rispettate. Adottare una prospettiva a lungo termine è essenziale per mantenere la motivazione e lavorare verso obiettivi più ampi, come l'acquisto di una casa, il risparmio per la pensione o la costruzione di un portafoglio di investimenti. Durante diverse fasi della vita, il bilancio personale può essere adattato alle esigenze specifiche. Per i giovani adulti, che si trovano spesso a gestire debiti studenteschi o a iniziare a risparmiare per obiettivi futuri, è essenziale costruire una base finanziaria stabile. Le famiglie, invece, devono pianificare spese maggiori, come quelle legate ai figli o alla gestione domestica, senza trascurare la costruzione di riserve per emergenze e risparmi a lungo termine. I pensionati, infine, devono ottimizzare le risorse a loro disposizione, bilanciando redditi fissi con spese variabili e pianificando strategie per proteggere il loro patrimonio. Per semplificare la gestione del bilancio, esistono numerosi strumenti tecnologici e risorse educative. Applicazioni mobili, come YNAB o Goodbudget, e fogli di calcolo personalizzabili offrono soluzioni pratiche per monitorare le spese e pianificare il budget. Inoltre, libri, corsi online e consulenti finanziari possono fornire ulteriore supporto e ispirazione. La chiave del successo risiede nella costanza: un bilancio aggiornato e monitorato regolarmente diventa uno strumento potente per raggiungere obiettivi finanziari e migliorare la qualità della vita. La creazione di un bilancio personale non è un'attività una tantum, ma un processo continuo che evolve con le esigenze personali e le circostanze economiche. La comprensione delle dinamiche economiche, l'adozione di strategie di budgeting efficaci e la revisione periodica delle proprie finanze sono pratiche che consentono di trasformare il bilancio in una guida concreta verso la stabilità e la prosperità economica. Attraverso una gestione oculata e una mentalità orientata al lungo termine, è possibile trasformare il bilancio da semplice strumento di registrazione in un catalizzatore di successo e benessere finanziario.

Capitolo 3: Risparmio e Investimento

Il risparmio e l'investimento rappresentano due colonne portanti della gestione finanziaria personale. Sebbene spesso vengano percepiti come processi distinti, risparmiare e investire sono fasi interconnesse di un percorso che conduce verso l'indipendenza economica e la crescita patrimoniale. Il risparmio si concentra sulla protezione del capitale attraverso l'accantonamento di risorse per obiettivi futuri o imprevisti, mentre l'investimento mira a far crescere quel capitale utilizzandolo in maniera strategica per ottenere un rendimento nel tempo. Entrambi sono fondamentali per costruire un futuro finanziario stabile e prospero, e la comprensione delle loro dinamiche è cruciale per chiunque voglia padroneggiare le proprie finanze. Approcciare il risparmio richiede una disciplina rigorosa e una chiara definizione degli obiettivi personali. Non si tratta semplicemente di accumulare denaro, ma di farlo in modo strategico e finalizzato. Il primo passo è stabilire un fondo di emergenza, che dovrebbe coprire almeno tre-sei mesi di spese essenziali. Questo fondo agisce come una rete di sicurezza finanziaria, proteggendo contro imprevisti quali la perdita del lavoro, emergenze mediche o riparazioni improvvise. La disponibilità immediata di fondi liquidi riduce la necessità di ricorrere a prestiti costosi o di sacrificare investimenti a lungo termine. Una volta creato il fondo di emergenza, il risparmio può essere orientato verso obiettivi più specifici, come l'acquisto di una casa, un viaggio importante o il finanziamento di un'istruzione. È fondamentale stabilire obiettivi chiari e realistici, utilizzando la metodologia SMART (Specifici, Misurabili, Achievable, Rilevanti, Temporizzati) per mantenere la motivazione e monitorare i progressi. Automatizzare il processo di risparmio, trasferendo una percentuale del reddito mensile direttamente in un conto di risparmio dedicato, può semplificare notevolmente il raggiungimento di questi traguardi. Scegliere gli strumenti di risparmio appropriati è altrettanto importante. Conti di risparmio ad alto rendimento, certificati di deposito e obbligazioni a breve termine sono opzioni popolari per accantonare fondi con un rischio minimo e una liquidità adeguata. Tuttavia, il risparmio, pur essendo essenziale, da solo non è sufficiente a garantire una crescita patrimoniale significativa, soprattutto in un contesto economico influenzato dall'inflazione. Per superare questa sfida, è necessario integrare il risparmio con l'investimento. Investire implica allocare risorse finanziarie in strumenti o attività che hanno il potenziale di generare un ritorno. Questo processo, se gestito con attenzione, permette di far crescere il capitale nel tempo e di costruire una solida base economica. Tuttavia, l'investimento comporta anche rischi, ed è essenziale comprendere il rapporto tra rischio e rendimento per prendere decisioni informate. Uno dei principi fondamentali dell'investimento è la diversificazione, che consiste nel distribuire il capitale su diverse classi di attivi per ridurre l'esposizione al rischio. Ad esempio, un portafoglio ben diversificato può includere azioni, obbligazioni, immobili, fondi comuni di investimento ed ETF. Ognuna di queste classi di attivi offre vantaggi specifici e presenta livelli di rischio variabili. Le azioni, ad esempio, rappresentano una quota di proprietà in un'azienda e possono offrire rendimenti elevati, ma sono soggette a fluttuazioni di mercato significative. Le obbligazioni, d'altro canto, sono generalmente considerate meno rischiose e offrono rendimenti più stabili, ma inferiori. Gli immobili, che comprendono proprietà residenziali, commerciali e fondi di investimento immobiliare (REIT), possono generare reddito passivo e apprezzamento del capitale, ma richiedono un impegno di gestione attiva e possono presentare costi elevati. Gli ETF e i fondi comuni, invece, offrono una diversificazione immediata e accessibile, consentendo agli investitori di esporsi a un'ampia gamma di mercati o settori con un capitale iniziale relativamente contenuto. Per massimizzare il potenziale di crescita del capitale, è importante adottare strategie di investimento ben definite. Il dollar-cost averaging, ad esempio, è una tecnica che prevede l'investimento di somme fisse a intervalli regolari, indipendentemente dalle condizioni di mercato. Questo approccio consente di ridurre l'impatto della volatilità del mercato e di acquistare più unità quando i prezzi sono bassi. Altre strategie includono l'investimento a lungo termine, che si concentra sulla crescita del capitale nel tempo minimizzando le reazioni emotive alle fluttuazioni di mercato, e il reinvestimento dei dividendi, che sfrutta il potere dell'interesse composto per accelerare la crescita del patrimonio. Comprendere i mercati finanziari è un altro elemento cruciale per investire con successo. I mercati azionari, obbligazionari, delle materie prime e delle valute offrono una vasta gamma di opportunità, ma richiedono una conoscenza approfondita per navigare le loro complessità. Ad esempio, i mercati azionari sono influenzati da fattori economici, politici e settoriali, mentre i mercati obbligazionari rispondono a variazioni dei tassi di interesse e dell'inflazione. Gli investitori devono anche considerare i rischi associati agli investimenti. Il rischio di mercato, che rappresenta la possibilità di una perdita di valore dovuta a fluttuazioni dei prezzi, è particolarmente rilevante per le azioni e le obbligazioni. Il rischio di credito, invece, si riferisce alla probabilità che un emittente di obbligazioni non sia in grado di onorare i propri obblighi finanziari. Il rischio di liquidità e il rischio di inflazione sono ulteriori fattori da tenere in considerazione quando si costruisce un portafoglio. Un investimento di successo richiede una combinazione di educazione continua, pianificazione strategica e gestione consapevole del rischio. Gli investitori dovrebbero mantenersi aggiornati sulle tendenze di mercato, partecipare a corsi di formazione e consultare risorse educative per migliorare le proprie competenze. Pianificare con chiarezza gli obiettivi di investimento, che possono includere la preparazione per la pensione, l'acquisto di una casa o l'accumulo di capitale per l'istruzione dei figli, aiuta a mantenere il focus e a guidare le decisioni. Il monitoraggio regolare del portafoglio è fondamentale per assicurarsi che rimanga allineato con gli obiettivi e il profilo di rischio dell'investitore. Apportare modifiche strategiche in risposta ai cambiamenti di mercato o alle circostanze personali è essenziale per ottimizzare i risultati. L'integrazione di risparmio e investimento offre un approccio completo alla gestione finanziaria personale. Mentre il risparmio garantisce stabilità e protezione contro l'incertezza, l'investimento crea opportunità di crescita e di costruzione di ricchezza nel lungo termine. Attraverso un mix equilibrato di risparmio disciplinato e strategie di investimento ben pianificate, è possibile realizzare obiettivi finanziari ambiziosi e costruire un futuro economicamente sicuro e prospero. La chiave del successo risiede nella consapevolezza, nella pazienza e nella determinazione a lavorare costantemente per migliorare le proprie competenze finanziarie e sfruttare al meglio le risorse disponibili.

Capitolo 4: Comprensione del Credito

Il credito è uno degli strumenti più potenti nel panorama finanziario moderno e svolge un ruolo cruciale nella vita economica di un individuo. Comprenderlo a fondo è essenziale per chiunque desideri costruire una stabilità finanziaria duratura, poiché il credito non solo influenza la capacità di acquistare beni e servizi ma può anche determinare l'accesso a opportunità di crescita economica e personale. Il credito, nella sua essenza, rappresenta la fiducia che un prestatore accorda a un mutuatario, consentendogli di accedere a risorse finanziarie con la promessa di restituirle in futuro, generalmente con un interesse. Questa fiducia si basa su diversi fattori, tra cui la storia creditizia, il reddito e il comportamento finanziario passato. Per padroneggiare il sistema del credito, è fondamentale comprendere i concetti di base, come il punteggio di credito, i diversi tipi di debito e le strategie per gestirlo in modo responsabile. Il punteggio di credito, spesso considerato il cuore del sistema creditizio, è una valutazione numerica della capacità di un individuo di onorare i propri obblighi finanziari. Questo punteggio, che varia tipicamente da 300 a 850, è calcolato sulla base di una serie di fattori che includono la storia dei pagamenti, l'importo totale del debito, la lunghezza della storia creditizia, il tipo di credito utilizzato e il numero di nuove richieste di credito. Una storia di pagamenti puntuali e una gestione prudente del credito contribuiscono a un punteggio elevato, mentre ritardi nei pagamenti, utilizzo eccessivo del credito disponibile e troppe richieste di nuovo credito possono abbassarlo significativamente. Un punteggio di credito elevato non solo facilita l'accesso a prestiti e linee di credito, ma permette anche di beneficiare di tassi di interesse più favorevoli, risparmiando migliaia di euro nel lungo termine. È importante monitorare regolarmente il proprio punteggio di credito per identificare eventuali errori o segnali di frode, che potrebbero influire negativamente sulla valutazione. Oltre al punteggio di credito, è essenziale conoscere le diverse tipologie di debito e le loro implicazioni. Il debito può essere classificato in due categorie principali: garantito e non garantito. Il debito garantito è supportato da un'attività sottostante, come una casa o un'auto, che il prestatore può reclamare in caso di mancato pagamento. I mutui ipotecari e i prestiti auto sono esempi comuni di debito garantito. Il debito non garantito, invece, non è supportato da beni materiali e include carte di credito, prestiti personali e debiti studenteschi. Questo tipo di debito tende ad avere tassi di interesse più elevati a causa del maggiore rischio per il prestatore. Comprendere queste differenze aiuta a scegliere consapevolmente il tipo di debito più adatto alle proprie esigenze e a gestirlo in modo efficace. La gestione del credito richiede disciplina e pianificazione. Un uso responsabile del credito implica effettuare i pagamenti in tempo, mantenere l'utilizzo del credito al di sotto del 30% del limite disponibile e limitare il numero di richieste di nuovo credito. Queste pratiche non solo migliorano il punteggio di credito, ma aiutano anche a prevenire il sovraindebitamento. È importante ricordare che il credito dovrebbe essere utilizzato come uno strumento per raggiungere obiettivi finanziari, non come una soluzione per coprire spese quotidiane o impulsi di acquisto. Una corretta educazione finanziaria è fondamentale per comprendere il funzionamento del credito e prendere decisioni informate. Ad esempio, molte persone non sanno che mantenere aperti conti di credito più vecchi può avere un impatto positivo sulla lunghezza della storia creditizia, un fattore che rappresenta il 15% del punteggio di credito. Allo stesso modo, diversificare i tipi di credito, ad esempio combinando carte di credito con prestiti a lungo termine, può migliorare la valutazione complessiva. Quando si tratta di gestire il debito, è essenziale stabilire priorità e adottare un approccio strategico. Concentrarsi prima sui debiti con tassi di interesse più elevati, come quelli delle carte di credito, può ridurre significativamente il costo complessivo del debito. Tecniche come la valanga del debito, che consiste nel pagare per primi i debiti più costosi, o la palla di neve del debito, che prevede di estinguere i debiti più piccoli per costruire motivazione, possono essere efficaci in diverse situazioni. Nei casi in cui il debito diventi opprimente, il consolidamento può rappresentare una soluzione valida. Questa strategia prevede la combinazione di più debiti in un unico prestito con un tasso di interesse più basso, semplificando i pagamenti e riducendo il costo complessivo. Tuttavia, è fondamentale valutare attentamente le condizioni del nuovo prestito e assicurarsi che il consolidamento non porti a un ulteriore accumulo di debito. Il credito, se utilizzato in modo efficace, può aprire molte opportunità, come l'acquisto di una casa, il finanziamento di un'istruzione o l'avvio di un'attività imprenditoriale. Tuttavia, un uso irresponsabile può portare a gravi conseguenze, tra cui la bancarotta, l'insolvenza e la difficoltà di accedere a finanziamenti futuri. Per evitare queste situazioni, è importante sviluppare una mentalità finanziaria consapevole e adottare pratiche di gestione del credito responsabili. Monitorare regolarmente il proprio rapporto di credito, negoziare con i creditori in caso di difficoltà e cercare supporto professionale quando necessario sono tutte strategie che possono aiutare a mantenere una buona salute finanziaria. La comprensione del credito è un elemento essenziale della pianificazione finanziaria personale e può influenzare profondamente il successo economico a lungo termine. Attraverso una gestione oculata e una conoscenza approfondita delle dinamiche del credito, è possibile utilizzare questo strumento in modo strategico per costruire un futuro finanziario stabile e prospero. Investire nel proprio sapere finanziario è il primo passo verso una gestione del credito efficace, e ogni sforzo compiuto oggi porterà benefici duraturi negli anni a venire.

Capitolo 5: Pianificazione per il Futuro

La pianificazione per il futuro rappresenta uno degli aspetti più importanti e complessi della gestione finanziaria personale. In un mondo sempre più caratterizzato da incertezze economiche, mutamenti sociali e innovazioni tecnologiche, pensare al futuro non è solo un esercizio teorico, ma una necessità strategica. Una pianificazione efficace consente di definire obiettivi concreti, stabilire priorità, ottimizzare risorse e prepararsi ad affrontare sfide impreviste. Pianificare per il futuro significa innanzitutto avere una visione chiara delle proprie aspirazioni personali e familiari, individuando i mezzi necessari per realizzarle. Questo processo richiede una valutazione accurata delle risorse disponibili, delle opportunità di risparmio e investimento, e delle strategie di protezione del patrimonio. È un percorso che coinvolge la costruzione di sicurezza economica attraverso strumenti come il risparmio per obiettivi specifici, la pianificazione pensionistica e l'acquisto di assicurazioni per gestire rischi potenziali. Un primo passo cruciale è l'identificazione degli obiettivi finanziari. Gli obiettivi devono essere realistici, misurabili e raggiungibili, considerando il proprio reddito, le spese correnti e le prospettive future. Per esempio, un giovane professionista potrebbe pianificare l'acquisto di una casa nei prossimi cinque anni, mentre una famiglia potrebbe voler accumulare risparmi per l'istruzione universitaria dei figli. Ogni obiettivo richiede un approccio specifico e una chiara definizione dei tempi necessari per raggiungerlo. La pianificazione pensionistica è un pilastro fondamentale della pianificazione a lungo termine. Prepararsi per il pensionamento non è solo una questione di accumulare capitale, ma di garantire che tale capitale sia sufficiente per mantenere uno stile di vita confortevole durante gli anni non lavorativi. Questo processo include il calcolo delle esigenze finanziarie future, la scelta di strumenti di risparmio e investimento adeguati e la gestione fiscale per ottimizzare i rendimenti. È consigliabile iniziare a pianificare la pensione il prima possibile, poiché il tempo è uno degli alleati più potenti nell'accumulo di risorse grazie al potere dell'interesse composto. I conti pensionistici agevolati fiscalmente, come i piani pensionistici aziendali o le IRA, rappresentano strumenti efficaci per accumulare capitale nel lungo termine, offrendo vantaggi fiscali significativi che riducono l'onere fiscale complessivo. Oltre alla pensione, la pianificazione per obiettivi specifici è essenziale per realizzare progetti personali e familiari. Questi obiettivi possono includere l'acquisto di una casa, il finanziamento di un'attività imprenditoriale, il risparmio per viaggi significativi o la creazione di un fondo per l'istruzione dei figli. Ogni obiettivo richiede una strategia finanziaria personalizzata che tenga conto dei costi previsti, dei tempi necessari e delle risorse disponibili. È importante suddividere gli obiettivi in traguardi intermedi e monitorare regolarmente i progressi per garantire che si rimanga sulla giusta strada. Parallelamente al risparmio e all'investimento, la protezione del patrimonio è un elemento cruciale della pianificazione per il futuro. Gli imprevisti possono avere un impatto significativo sulla stabilità finanziaria, e un'adeguata copertura assicurativa è essenziale per mitigare tali rischi. L'assicurazione sulla vita protegge i familiari da difficoltà economiche in caso di decesso del capofamiglia, mentre l'assicurazione sanitaria copre le spese mediche impreviste, che possono essere estremamente elevate. L'assicurazione per invalidità garantisce un reddito sostitutivo in caso di incapacità di lavorare, mentre l'assicurazione per la proprietà protegge i beni materiali da danni o perdite. Oltre alle coperture assicurative, è importante considerare la pianificazione successoria come parte integrante della protezione del patrimonio. Questo processo include la redazione di un testamento, la creazione di trust e la designazione di beneficiari per conti di risparmio e polizze assicurative. Una pianificazione successoria ben strutturata garantisce che il patrimonio venga distribuito secondo i desideri del titolare, minimizzando le imposte di successione e semplificando il processo per i familiari. La pianificazione fiscale è un altro aspetto fondamentale della pianificazione per il futuro. Una gestione fiscale strategica consente di ottimizzare i rendimenti degli investimenti e di ridurre l'onere fiscale complessivo. Questo può includere l'uso di conti di risparmio agevolati fiscalmente, la pianificazione delle vendite di investimenti per sfruttare al meglio le aliquote fiscali sulle plusvalenze, e l'utilizzo di crediti e detrazioni fiscali per ridurre l'imponibile. È essenziale mantenere una documentazione accurata di tutte le transazioni finanziarie per garantire la conformità alle normative fiscali e per facilitare la preparazione delle dichiarazioni dei redditi. Pianificare per il futuro richiede una revisione regolare delle strategie finanziarie e un adattamento continuo alle circostanze mutevoli. Gli obiettivi personali possono cambiare nel tempo, così come le condizioni di mercato e le priorità familiari. Una revisione annuale delle proprie finanze consente di valutare i progressi verso gli obiettivi, identificare nuove opportunità e apportare eventuali aggiustamenti. Questo processo dovrebbe includere un'analisi completa del bilancio personale, una valutazione del portafoglio di investimenti e una revisione delle coperture assicurative. Infine, è importante sottolineare che la pianificazione per il futuro non è un processo isolato, ma un'attività che richiede una collaborazione continua con consulenti finanziari, esperti fiscali e membri della famiglia. Coinvolgere professionisti qualificati può fornire preziosi consigli e garantire che le decisioni siano informate e basate su una solida comprensione delle opzioni disponibili. La comunicazione aperta con i membri della famiglia, inoltre, assicura che tutti siano allineati sugli obiettivi finanziari e sulle priorità. In conclusione, la pianificazione per il futuro è un elemento essenziale della gestione finanziaria personale. Attraverso una combinazione di risparmio strategico, investimenti informati, protezione del patrimonio e gestione fiscale, è possibile costruire una base finanziaria solida che garantisca sicurezza e prosperità nel lungo termine. Ogni passo compiuto oggi verso una pianificazione efficace contribuirà a realizzare un futuro economico stabile, offrendo la tranquillità di sapere che si è preparati per affrontare le sfide e cogliere le opportunità che si presenteranno.

Capitolo 6: Gestione del Debito

La gestione del debito è un elemento essenziale della pianificazione finanziaria personale. Viviamo in un'epoca in cui il debito è diventato parte integrante della vita economica di molte persone, dal finanziamento degli studi superiori all'acquisto di una casa, fino all'utilizzo di carte di credito per gestire le spese quotidiane. Tuttavia, il debito, se non gestito correttamente, può rapidamente trasformarsi da strumento utile a un peso finanziario significativo. Comprendere le dinamiche del debito, i suoi costi, le sue implicazioni e le strategie per gestirlo è fondamentale per costruire una vita finanziariamente stabile e prospera. Il debito non è intrinsecamente negativo; in molti casi, è una leva che permette di raggiungere obiettivi che altrimenti sarebbero fuori portata. L'acquisto di una casa, ad esempio, richiede spesso un mutuo ipotecario, che consente di accedere immediatamente a un bene di grande valore pagando nel tempo. Allo stesso modo, i prestiti studenteschi permettono a molti di ottenere un'istruzione superiore e aumentare le proprie opportunità di reddito futuro. Tuttavia, è essenziale riconoscere che ogni forma di debito comporta costi sotto forma di interessi e commissioni, e che l'accumulo incontrollato di debito può portare a problemi significativi, tra cui difficoltà finanziarie, stress e persino insolvenza. Una gestione efficace del debito inizia con una chiara comprensione delle diverse tipologie di debito e delle loro caratteristiche. Il debito garantito, come i mutui e i prestiti auto, è supportato da beni materiali che possono essere reclamati dal creditore in caso di inadempienza. Questo tipo di debito tende a presentare tassi di interesse più bassi grazie alla minore esposizione al rischio per il prestatore. D'altra parte, il debito non garantito, come le carte di credito e i prestiti personali, non è supportato da beni tangibili e, di conseguenza, comporta tassi di interesse più elevati per compensare il rischio maggiore per il creditore. Ogni tipo di debito richiede una strategia di gestione specifica basata sulla sua natura, sui tassi di interesse e sulle condizioni di rimborso. Uno degli aspetti più critici della gestione del debito è comprendere il costo complessivo del debito stesso. Molte persone si concentrano unicamente sull'importo delle rate mensili, trascurando l'impatto cumulativo degli interessi. Questo approccio può portare a sottovalutare il peso reale del debito nel lungo termine. Ad esempio, una carta di credito con un saldo di 10.000 euro e un tasso di interesse del 18% può generare interessi di migliaia di euro se il pagamento minimo mensile è l'unico importo rimborsato. È quindi fondamentale calcolare il costo totale del debito e considerare l'impatto degli interessi quando si prendono decisioni finanziarie. Per gestire il debito in modo efficace, è essenziale sviluppare una strategia di rimborso. Una delle tecniche più comuni è il metodo della valanga del debito, che consiste nel concentrarsi prima sul rimborso dei debiti con i tassi di interesse più elevati, mentre si effettuano i pagamenti minimi sugli altri. Questo approccio minimizza il costo complessivo del debito, poiché riduce rapidamente gli interessi accumulati. Un'alternativa è il metodo della palla di neve del debito, che prevede di estinguere prima i debiti più piccoli, indipendentemente dal tasso di interesse, per ottenere un senso di realizzazione e motivazione. Entrambe le strategie hanno i loro meriti e la scelta dipende dalle preferenze personali e dalla situazione finanziaria individuale. Oltre a pianificare il rimborso del debito, è importante adottare misure per prevenire l'accumulo di nuovo debito. Questo può includere la creazione di un fondo di emergenza per coprire spese impreviste, l'adozione di un bilancio rigoroso per monitorare e controllare le spese e l'uso responsabile delle carte di credito. Le carte di credito, in particolare, possono essere uno strumento utile per costruire una storia creditizia e guadagnare ricompense, ma devono essere utilizzate con cautela. È essenziale evitare di portare saldi da un mese all'altro, poiché gli alti tassi di interesse possono rapidamente trasformare piccoli acquisti in debiti ingenti. Nei casi in cui il debito diventi insostenibile, esistono diverse opzioni per affrontare la situazione. Una di queste è il consolidamento del debito, che prevede la combinazione di più debiti in un unico prestito con un tasso di interesse più basso. Questo approccio può semplificare i pagamenti e ridurre il costo complessivo del debito, ma è importante valutare attentamente le condizioni del nuovo prestito per evitare ulteriori problemi finanziari. Un'altra opzione è la negoziazione con i creditori per ridurre i tassi di interesse, modificare le condizioni di rimborso o ottenere un piano di pagamento personalizzato. In alcuni casi, può essere utile rivolgersi a un consulente finanziario o a un'agenzia di gestione del debito per ricevere supporto e consigli personalizzati. La gestione del debito non riguarda solo la risoluzione di problemi finanziari immediati, ma anche la costruzione di una base solida per il futuro. Ridurre il debito consente di liberare risorse per il risparmio e l'investimento, che sono essenziali per raggiungere obiettivi finanziari a lungo termine, come l'acquisto di una casa, il finanziamento dell'istruzione dei figli o la preparazione per la pensione. Una volta che il debito è sotto controllo, è possibile concentrare l'attenzione sulla costruzione di ricchezza e sulla creazione di sicurezza finanziaria. La gestione del debito è una competenza essenziale che richiede consapevolezza, disciplina e un approccio strategico. Attraverso una pianificazione attenta, una conoscenza approfondita delle dinamiche del debito e l'adozione di pratiche finanziarie responsabili, è possibile utilizzare il debito come uno strumento per raggiungere obiettivi economici senza compromettere la stabilità finanziaria. Ogni passo verso una gestione del debito più efficace contribuisce a costruire un futuro finanziario più sicuro e prospero.

Capitolo 7: Investimenti e Mercati Finanziari

Investire è uno degli strumenti più potenti per costruire, preservare e accrescere il patrimonio. In un mondo caratterizzato da inflazione, innovazioni economiche e fluttuazioni di mercato, l'investimento rappresenta una delle poche strategie in grado di garantire una crescita sostenuta del capitale. Tuttavia, investire non è semplicemente un atto di allocare denaro; è un processo strategico che richiede conoscenza, disciplina e una profonda comprensione dei mercati finanziari. Ogni decisione di investimento deve essere supportata da una chiara definizione degli obiettivi personali, un'analisi accurata dei rischi e un piano che tenga conto delle proprie capacità finanziarie, tolleranza al rischio e orizzonte temporale.

L'obiettivo principale dell'investimento è generare un rendimento, che può essere ottenuto attraverso l'apprezzamento del capitale, il reddito passivo derivante da interessi o dividendi, o una combinazione di entrambi. Il rendimento di un investimento è strettamente legato al rischio associato, che rappresenta la possibilità che l'investitore non ottenga il ritorno previsto o subisca una perdita del capitale investito. I rischi possono derivare da una varietà di fattori, tra cui le condizioni di mercato, i cambiamenti economici globali, i tassi di interesse e la performance dell'asset sottostante. Comprendere e gestire questi rischi è una competenza fondamentale per ogni investitore.

La diversificazione è una delle strategie più efficaci per ridurre il rischio associato agli investimenti. Questo approccio implica la distribuzione del capitale su diverse classi di attivi, settori e aree geografiche per mitigare l'impatto negativo di eventuali fluttuazioni in un singolo mercato o asset. Ad esempio, un portafoglio diversificato può includere azioni, obbligazioni, immobili, materie prime e investimenti alternativi. Ognuna di queste classi di attivi presenta caratteristiche uniche, livelli di rischio differenti e potenziali rendimenti specifici. Le azioni, ad esempio, offrono l'opportunità di ottenere rendimenti elevati attraverso l'apprezzamento del capitale e i dividendi, ma sono soggette a una maggiore volatilità rispetto alle obbligazioni, che offrono rendimenti più stabili ma generalmente inferiori. Gli immobili rappresentano un'altra importante classe di attivi che può generare reddito passivo attraverso affitti e apprezzamento del valore della proprietà. Tuttavia, l'investimento immobiliare richiede un impegno significativo in termini di capitale iniziale, tempo e competenze di gestione. Le materie prime, come oro, petrolio e grano, offrono un'opportunità unica per diversificare un portafoglio e proteggersi contro l'inflazione, ma sono soggette a una volatilità elevata causata da fattori geopolitici, climatici e di mercato. Gli investimenti alternativi, come hedge fund, private equity e criptovalute, offrono un potenziale di rendimento elevato ma comportano rischi significativi e spesso richiedono un livello avanzato di conoscenza e competenza per essere gestiti efficacemente. Una strategia di investimento ben definita è fondamentale per navigare le complessità dei mercati finanziari. Il primo passo è stabilire obiettivi chiari e realistici, che possono includere la costruzione di un fondo per la pensione, l'acquisto di una casa, il finanziamento dell'istruzione dei figli o la creazione di un fondo per eventuali emergenze. Gli obiettivi dovrebbero essere specifici, misurabili, raggiungibili, rilevanti e temporizzati (SMART) per garantire che siano facilmente monitorabili e raggiungibili. Una volta definiti gli obiettivi, è importante sviluppare un piano di investimento che tenga conto del profilo di rischio dell'investitore, dell'orizzonte temporale e delle risorse finanziarie disponibili.

Il profilo di rischio di un investitore è influenzato da diversi fattori, tra cui l'età, il reddito, le responsabilità familiari e la propensione personale al rischio. Gli investitori più giovani, con un orizzonte temporale più lungo, possono permettersi di assumere rischi maggiori investendo in azioni e altre attività ad alto rendimento. Al contrario, gli investitori più vicini alla pensione potrebbero preferire un portafoglio più conservativo, con una maggiore allocazione in obbligazioni e altri strumenti a basso rischio. È importante notare che il profilo di rischio può cambiare nel tempo e che il portafoglio dovrebbe essere rivisto regolarmente per riflettere eventuali cambiamenti nelle circostanze personali o nelle condizioni di mercato. Il monitoraggio regolare del portafoglio è essenziale per garantire che rimanga allineato agli obiettivi di investimento. Questo processo include la valutazione delle performance degli investimenti, l'analisi dei rischi associati e l'apporto di eventuali modifiche per ottimizzare i risultati. Ad esempio, se un'azione o un fondo comune di investimento non sta performando come previsto, potrebbe essere necessario rivedere la strategia o considerare la possibilità di ribilanciare il portafoglio. Il ribilanciamento è una tecnica che prevede l'aggiustamento della distribuzione del capitale tra le diverse classi di attivi per mantenere il livello di rischio desiderato.

Un altro aspetto cruciale degli investimenti è la comprensione delle dinamiche dei mercati finanziari. I mercati azionari, obbligazionari, delle materie prime e delle valute operano su scala globale e sono influenzati da una vasta gamma di fattori, tra cui le politiche economiche, gli sviluppi tecnologici, gli eventi geopolitici e il comportamento degli investitori. Gli investitori devono essere consapevoli di come questi fattori possano influenzare i prezzi degli asset e utilizzare questa conoscenza per prendere decisioni informate. Ad esempio, l'aumento dei tassi di interesse può avere un impatto negativo sui prezzi delle obbligazioni, mentre la crescita economica può stimolare l'apprezzamento delle azioni.

L'educazione continua è essenziale per diventare un investitore di successo. Gli investitori dovrebbero dedicare tempo a studiare i mercati finanziari, partecipare a seminari e corsi di formazione, leggere libri e articoli di esperti del settore e utilizzare risorse online per approfondire le proprie conoscenze. La conoscenza è il fondamento di decisioni di investimento informate e consente agli investitori di navigare con successo le complessità dei mercati finanziari. Tuttavia, è importante riconoscere i propri limiti e considerare l'opportunità di consultare professionisti del settore, come consulenti finanziari e gestori di portafoglio, per ricevere consigli personalizzati e supporto nella gestione degli investimenti.

Una delle sfide più grandi per gli investitori è gestire le emozioni. Le fluttuazioni di mercato possono suscitare sentimenti di paura o euforia, portando a decisioni impulsive che possono compromettere il rendimento del portafoglio. È fondamentale mantenere una prospettiva a lungo termine e resistere alla tentazione di reagire a ogni oscillazione di mercato. L'investimento non riguarda il tentativo di prevedere il mercato, ma piuttosto la costruzione di un portafoglio solido e diversificato che possa resistere alle turbolenze e generare rendimenti consistenti nel tempo. Il successo negli investimenti richiede una combinazione di conoscenza, disciplina, pazienza e una strategia ben definita. Gli investitori devono essere disposti a imparare dai propri errori e a migliorare continuamente le proprie competenze. Attraverso una pianificazione attenta, una gestione consapevole del rischio e una comprensione approfondita dei mercati finanziari, è possibile raggiungere i propri obiettivi economici e costruire un futuro finanziario stabile e prospero. L'investimento è un viaggio, non una destinazione, e ogni passo verso una maggiore conoscenza e consapevolezza rappresenta un progresso verso il successo.

Capitolo 8: Pianificazione Fiscale

La pianificazione fiscale è un aspetto essenziale della gestione finanziaria personale e aziendale. Essa rappresenta l'arte di ottimizzare le risorse disponibili per minimizzare l'impatto delle imposte, massimizzando al contempo i rendimenti degli investimenti e garantendo che il patrimonio venga gestito in modo efficiente. In un contesto economico e normativo sempre più complesso, la capacità di pianificare adeguatamente le proprie finanze in relazione al sistema fiscale rappresenta un vantaggio significativo per chiunque voglia costruire un futuro economico stabile e prospero. La pianificazione fiscale non è un esercizio meramente tecnico, ma un processo che richiede una profonda comprensione delle normative in vigore, delle opportunità offerte dal sistema e delle implicazioni di ogni decisione finanziaria. Si tratta di un'attività strategica che coinvolge tutte le aree della gestione finanziaria, dal reddito al risparmio, dagli investimenti alla protezione del patrimonio. Una corretta pianificazione fiscale inizia con l'analisi della propria situazione economica e patrimoniale. È fondamentale avere una chiara visione delle entrate, delle spese, dei risparmi e degli investimenti, nonché una comprensione dettagliata delle obbligazioni fiscali. Questo processo include la revisione delle dichiarazioni dei redditi, l'identificazione delle fonti di reddito tassabili e l'esame delle detrazioni e dei crediti fiscali disponibili. Una volta stabilita questa base, è possibile sviluppare una strategia che tenga conto degli obiettivi personali, delle normative fiscali applicabili e delle opportunità di ottimizzazione.

Uno degli elementi chiave della pianificazione fiscale è la riduzione dell'imponibile attraverso l'utilizzo di detrazioni, deduzioni e crediti fiscali. Le deduzioni riducono il reddito imponibile, diminuendo l'ammontare delle imposte dovute. Le spese deducibili possono includere interessi sui mutui, donazioni a enti di beneficenza, spese mediche, contributi pensionistici e costi di istruzione. I crediti fiscali, invece, riducono direttamente l'importo delle imposte dovute e possono essere particolarmente vantaggiosi. Alcuni crediti, come quelli per l'istruzione o per l'adozione, sono rimborsabili, il che significa che è possibile ricevere un rimborso anche se l'imposta dovuta è inferiore al credito stesso.

Un altro aspetto fondamentale della pianificazione fiscale è l'utilizzo strategico di conti fiscali agevolati. I conti pensionistici, come i piani 401(k) o le IRA, consentono di differire le imposte sui contributi e sui guadagni fino al momento del prelievo, riducendo l'onere fiscale attuale. Le Roth IRA, al contrario, prevedono che i contributi siano tassati al momento del versamento, ma offrono prelievi esentasse in pensione, rendendole particolarmente utili per chi prevede di trovarsi in una fascia fiscale più alta in futuro. Analogamente, i conti di risparmio sanitario (HSA) offrono tripli vantaggi fiscali: i contributi sono deducibili, i guadagni crescono esentasse e i prelievi per spese mediche qualificate non sono tassati. La pianificazione fiscale non si limita alla gestione del reddito e degli investimenti, ma comprende anche la pianificazione successoria. Questo processo è essenziale per garantire che il patrimonio venga trasferito ai beneficiari desiderati nel modo più efficiente possibile, minimizzando le imposte di successione e le complicazioni legali. La creazione di un testamento, la designazione di beneficiari per i conti di risparmio e pensionistici e l'utilizzo di trust sono strumenti comuni per raggiungere questo obiettivo. I trust, in particolare, offrono una grande flessibilità e possono essere utilizzati per proteggere i beni, gestire le imposte e garantire che il patrimonio venga distribuito secondo i desideri del titolare. Un elemento spesso trascurato della pianificazione fiscale è l'importanza della documentazione accurata. Conservare registrazioni dettagliate delle entrate, delle spese e delle transazioni finanziarie è fondamentale per garantire la conformità alle normative fiscali e per sfruttare appieno le deduzioni e i crediti disponibili. Questo processo può essere semplificato attraverso l'utilizzo di software di contabilità e strumenti digitali che consentono di monitorare e analizzare le finanze in tempo reale. Inoltre, una revisione periodica delle proprie finanze personali consente di identificare opportunità di risparmio fiscale e di apportare aggiustamenti strategici in base ai cambiamenti delle normative o delle circostanze personali. La pianificazione fiscale non riguarda solo l'ottimizzazione delle imposte a breve termine, ma anche la preparazione per il futuro. Ad esempio, la scelta del momento giusto per vendere un investimento può avere un impatto significativo sulle imposte sulle plusvalenze. Le plusvalenze a breve termine, generate dalla vendita di asset detenuti per meno di un anno, sono generalmente tassate a un'aliquota più alta rispetto alle plusvalenze a lungo termine. Pertanto, mantenere un investimento per un periodo più lungo può ridurre significativamente l'onere fiscale. Analogamente, realizzare minusvalenze per compensare plusvalenze realizzate nello stesso anno fiscale è una strategia efficace per ridurre le imposte

complessive, una pratica nota come "tax-loss harvesting".
Un'altra area importante della pianificazione fiscale è la
gestione fiscale internazionale. Per chi possiede beni o
investimenti in più paesi, è essenziale comprendere le
implicazioni fiscali transfrontaliere, inclusi i trattati fiscali
bilaterali, le normative sul rimpatrio dei guadagni e le imposte
sulle transazioni internazionali. Una consulenza professionale
in questo ambito è spesso necessaria per garantire la
conformità e l'ottimizzazione fiscale. La pianificazione fiscale è
un processo continuo che richiede un monitoraggio regolare e
un adattamento costante. Le normative fiscali cambiano
frequentemente, e ciò che è vantaggioso oggi potrebbe non
esserlo domani. È fondamentale rimanere aggiornati sulle
modifiche legislative e collaborare con professionisti qualificati,
come consulenti fiscali e pianificatori finanziari, per garantire
che le strategie siano sempre allineate agli obiettivi personali e
alle opportunità disponibili. Inoltre, la pianificazione fiscale non
deve essere vista come un esercizio isolato, ma come una
componente integrata della gestione finanziaria complessiva.
Ogni decisione fiscale dovrebbe essere valutata nel contesto
degli obiettivi finanziari a lungo termine, delle priorità personali
e delle esigenze familiari. In conclusione, la pianificazione
fiscale è un aspetto cruciale per chiunque desideri ottimizzare
le proprie finanze e costruire un futuro economico solido.
Attraverso una combinazione di strategie ben definite, una
conoscenza approfondita delle normative fiscali e una gestione
attenta delle risorse, è possibile ridurre significativamente
l'onere fiscale, aumentare i rendimenti degli investimenti e
garantire una maggiore sicurezza finanziaria. Ogni passo
verso una migliore comprensione e applicazione delle
strategie fiscali rappresenta un progresso verso la
realizzazione degli obiettivi personali e la costruzione di una
vita finanziariamente stabile e prospera. Investire nel proprio
sapere fiscale non è solo un vantaggio

economico, ma una scelta che offre libertà, opportunità e tranquillità a lungo termine.

Capitolo 9: Tecnologia e Finanza: L'evoluzione digitale nella gestione economica

La tecnologia ha rivoluzionato il settore finanziario, trasformando radicalmente il modo in cui individui, imprese e istituzioni gestiscono il denaro, prendono decisioni economiche e partecipano ai mercati globali. La digitalizzazione ha reso le operazioni finanziarie più rapide, trasparenti e accessibili, offrendo strumenti sofisticati che un tempo erano riservati a pochi. Questa evoluzione non si è limitata a migliorare l'efficienza: ha anche cambiato la natura stessa delle transazioni economiche e del modo in cui percepiamo il valore e il denaro. Tuttavia, il progresso tecnologico non ha solo portato opportunità; ha introdotto anche nuove sfide, come la sicurezza informatica, la regolamentazione e l'impatto sociale delle innovazioni finanziarie. Capire come la tecnologia sta plasmando il futuro della finanza è essenziale per chiunque voglia prosperare in un mondo in continua evoluzione.

Uno degli sviluppi più significativi è stato l'avvento delle piattaforme digitali per la gestione delle finanze personali e aziendali. Le applicazioni mobili, i software di budgeting e le piattaforme di pagamento online hanno semplificato la gestione quotidiana del denaro, permettendo agli utenti di monitorare spese, risparmi e investimenti in tempo reale. Strumenti come Mint, YNAB (You Need a Budget) e PocketGuard offrono analisi dettagliate delle abitudini di spesa e suggerimenti personalizzati per migliorare la gestione del denaro. Questi strumenti non solo aumentano l'efficienza, ma promuovono anche l'educazione finanziaria, aiutando gli utenti a prendere decisioni più informate e a pianificare per il futuro.

Tuttavia, l'adozione di queste tecnologie richiede anche una maggiore attenzione alla protezione dei dati personali, poiché la crescente digitalizzazione espone gli utenti a rischi di frodi e violazioni della privacy. Parallelamente, l'automazione e l'intelligenza artificiale stanno ridefinendo il panorama finanziario. Gli algoritmi avanzati e l'apprendimento automatico consentono di analizzare enormi quantità di dati in tempo reale, identificare tendenze di mercato e sviluppare strategie di investimento più precise. I robo-advisor, ad esempio, utilizzano algoritmi per fornire consulenza finanziaria automatizzata, offrendo portafogli personalizzati basati su obiettivi, tolleranza al rischio e orizzonte temporale degli investitori. Questi strumenti hanno reso l'investimento accessibile a un pubblico più ampio, abbattendo le barriere tradizionali legate al costo e alla complessità della consulenza finanziaria. Tuttavia, l'automazione presenta anche sfide significative, come la potenziale disoccupazione tecnologica nel settore finanziario, la necessità di garantire trasparenza negli algoritmi e l'importanza di bilanciare l'efficienza con l'etica. Un'altra innovazione rivoluzionaria è rappresentata dalle criptovalute e dalla tecnologia blockchain. Le criptovalute, come Bitcoin, Ethereum e numerose altre, hanno introdotto un nuovo paradigma nel trasferimento di valore, offrendo una forma decentralizzata e senza confini di denaro digitale. Mentre alcune persone vedono le criptovalute come un'alternativa al sistema bancario tradizionale, altri le considerano un'opportunità di investimento altamente speculativa. La blockchain, che funge da tecnologia sottostante per le criptovalute, è una rete distribuita che registra transazioni in modo sicuro e trasparente. Oltre alle criptovalute, la blockchain ha applicazioni in numerosi settori, tra cui la gestione della supply chain, il settore assicurativo e la finanza decentralizzata (DeFi). La DeFi, in particolare, mira a creare un ecosistema finanziario senza intermediari, consentendo agli utenti di accedere a prestiti, risparmi e altri servizi attraverso contratti intelligenti basati su blockchain. Mentre la blockchain e le criptovalute offrono opportunità straordinarie, presentano anche sfide significative. La volatilità dei prezzi delle criptovalute le rende un investimento rischioso per molti, e la mancanza di regolamentazione chiara solleva interrogativi sulla loro sicurezza e legalità. Inoltre, l'elevato consumo energetico associato al mining di criptovalute rappresenta una preoccupazione ambientale crescente. Per sfruttare al meglio queste innovazioni, è essenziale sviluppare un quadro normativo globale che garantisca la protezione degli investitori, promuova la sostenibilità e incoraggi l'innovazione responsabile. Un altro aspetto cruciale della rivoluzione tecnologica è rappresentato dalla democratizzazione della finanza. Le piattaforme di trading online, come Robinhood ed eToro, hanno abbattuto le barriere tradizionali, consentendo a milioni di persone di accedere ai mercati finanziari con pochi clic. Queste piattaforme offrono strumenti intuitivi che semplificano il trading di azioni, ETF, criptovalute e altri asset, spesso senza commissioni. Questo sviluppo ha aumentato significativamente la partecipazione ai mercati finanziari, ma ha anche sollevato preoccupazioni riguardo alla mancanza di educazione finanziaria tra i nuovi investitori e al rischio di comportamenti speculativi. Eventi come la saga di GameStop nel 2021 hanno evidenziato come la combinazione di piattaforme accessibili e dinamiche di gruppo online possa portare a una volatilità estrema nei mercati. La sicurezza informatica è diventata una priorità assoluta nell'era digitale. Con la crescente dipendenza da piattaforme online e la proliferazione di transazioni digitali, il rischio di frodi, hacking e violazioni dei dati è aumentato esponenzialmente. Le istituzioni finanziarie stanno investendo massicciamente in soluzioni di sicurezza avanzate, come la crittografia, l'autenticazione a due fattori e i sistemi di rilevamento delle frodi basati sull'intelligenza artificiale. Tuttavia, la responsabilità della sicurezza non ricade solo sulle istituzioni; gli utenti devono adottare pratiche sicure, come l'uso di password forti, la verifica delle transazioni e l'aggiornamento regolare dei software, per proteggere le proprie informazioni e risorse. Infine, la tecnologia sta cambiando anche il modo in cui le persone apprendono e accedono alle informazioni finanziarie. Piattaforme educative online, video tutorial, corsi digitali e forum di discussione hanno reso l'educazione finanziaria più accessibile che mai. Questa democratizzazione della conoscenza consente agli individui di acquisire competenze che un tempo erano riservate agli esperti, aumentando l'autonomia finanziaria e la fiducia nelle proprie decisioni. Tuttavia, è fondamentale distinguere tra fonti affidabili e informazioni potenzialmente fuorvianti, poiché la proliferazione di contenuti online ha reso più facile la diffusione di consigli inadeguati o errati. La tecnologia continuerà a svolgere un ruolo centrale nell'evoluzione del settore finanziario, aprendo nuove opportunità e ridefinendo le modalità di interazione con il denaro. Per trarre pieno vantaggio da queste innovazioni, è essenziale combinare la conoscenza tecnica con un approccio critico e responsabile, garantendo che il progresso tecnologico sia utilizzato per promuovere inclusività, trasparenza e sostenibilità. In questo contesto, la collaborazione tra governi, istituzioni finanziarie, sviluppatori tecnologici e utenti sarà fondamentale per costruire un ecosistema finanziario più equo e resiliente.

Capitolo 10: Psicologia della Finanza: Decisioni, emozioni e comportamento economico

La finanza non è solo una questione di numeri, calcoli e strategie; è profondamente intrecciata con la psicologia umana. Le decisioni economiche non vengono prese in un vuoto razionale, ma sono influenzate da emozioni, pregiudizi cognitivi, esperienze passate e pressioni sociali. Questa intersezione tra finanza e psicologia è il cuore della finanza comportamentale, un campo di studio che sfida i modelli economici tradizionali basati sull'assunto che gli individui agiscano sempre in modo razionale e orientato al massimo beneficio. In realtà, le scelte finanziarie sono spesso guidate da impulsi, paure e percezioni distorte, portando a comportamenti che possono sembrare illogici ma sono profondamente radicati nella natura umana.

Uno degli elementi più importanti della psicologia della finanza è il ruolo delle emozioni nelle decisioni economiche. La paura, ad esempio, può portare gli investitori a vendere i loro asset durante una crisi di mercato, anche quando i fondamentali economici suggerirebbero di mantenere o addirittura acquistare. Allo stesso modo, l'euforia può spingere gli investitori a seguire una tendenza al rialzo senza considerare i rischi sottostanti, creando bolle speculative. Queste emozioni, pur essendo una risposta naturale all'incertezza e al rischio, possono compromettere la capacità di prendere decisioni razionali, portando a perdite finanziarie e stress emotivo. Un altro aspetto cruciale è l'influenza dei pregiudizi cognitivi sulle decisioni finanziarie. I pregiudizi cognitivi sono errori sistematici nel pensiero che derivano dal modo in cui il cervello umano elabora le informazioni. Uno dei più comuni è il bias di conferma, che porta gli individui a cercare e interpretare le informazioni in modo da confermare le proprie credenze preesistenti. Ad esempio, un investitore convinto che un'azienda stia per crescere potrebbe ignorare i segnali negativi e concentrarsi solo sui dati positivi, aumentando il rischio di scelte sbagliate. Un altro pregiudizio frequente è l'effetto di ancoraggio, in cui una persona si basa troppo su un'informazione iniziale, come il prezzo di acquisto di un'azione, eccessivamente influenzata da questo dato nelle decisioni successive.

Le emozioni e i pregiudizi cognitivi non operano in isolamento, ma sono amplificati dal contesto sociale e culturale. Le decisioni finanziarie sono spesso influenzate dalle aspettative degli altri, dalle norme sociali e dal desiderio di conformità. Ad esempio, le tendenze collettive possono portare a comportamenti di gregge, in cui gli individui seguono le azioni della maggioranza senza valutare criticamente le implicazioni. Questo comportamento è particolarmente evidente nei mercati finanziari, dove l'ottimismo o il pessimismo generalizzato possono creare cicli di boom e bust, a volte completamente scollegati dai fondamentali economici.

La percezione del rischio è un altro elemento centrale nella psicologia della finanza. Gli esseri umani non valutano il rischio in modo oggettivo, ma lo interpretano attraverso il filtro delle loro esperienze, emozioni e aspettative. Ad esempio, la paura del rischio può portare a un'eccessiva avversione per gli investimenti in azioni, anche quando offrono un potenziale di rendimento superiore nel lungo termine. Al contrario, l'illusione di controllo può indurre alcune persone a sottovalutare i rischi di investimenti speculativi, credendo erroneamente di poter prevedere o influenzare i risultati. La comprensione della psicologia della finanza non è solo teorica; ha implicazioni pratiche significative per migliorare la gestione finanziaria personale e collettiva. Una strategia efficace per mitigare l'impatto delle emozioni e dei pregiudizi cognitivi è adottare un approccio strutturato e disciplinato alla pianificazione finanziaria. Questo include la definizione di obiettivi chiari, la creazione di un piano dettagliato e l'uso di strumenti come il bilancio e il monitoraggio regolare del portafoglio. Inoltre, è utile stabilire regole predefinite per le decisioni finanziarie, come il rebalancing automatico del portafoglio o il rispetto di limiti di perdita e guadagno, per ridurre l'influenza delle emozioni. L'educazione finanziaria è un altro strumento fondamentale per affrontare le sfide psicologiche della finanza. Comprendere i principi di base dell'economia, degli investimenti e della gestione del rischio aiuta le persone a riconoscere i propri pregiudizi e a prendere decisioni più informate. Tuttavia, l'educazione finanziaria non deve limitarsi agli aspetti tecnici; dovrebbe includere anche una componente di consapevolezza psicologica, che aiuti gli individui a comprendere come le emozioni e i pensieri influenzano le loro scelte.

La psicologia della finanza non si applica solo agli individui, ma anche alle istituzioni e ai mercati. I leader aziendali, i politici e i regolatori devono essere consapevoli dell'impatto delle emozioni collettive e dei pregiudizi di gruppo sulle dinamiche economiche. Ad esempio, durante una crisi finanziaria, la comunicazione trasparente e la gestione delle aspettative possono ridurre il panico e stabilizzare i mercati. Allo stesso modo, la progettazione di politiche e regolamenti dovrebbe tenere conto del comportamento umano, promuovendo incentivi che incoraggino scelte responsabili e sostenibili. In definitiva, la psicologia della finanza ci ricorda che l'economia non è solo una scienza, ma anche un'arte che coinvolge la comprensione dell'essere umano. Le decisioni finanziarie, che si tratti di investire in azioni, risparmiare per la pensione o scegliere un mutuo, sono profondamente influenzate dalla nostra natura emotiva e cognitiva. Riconoscere questi fattori e imparare a gestirli non solo migliora i risultati finanziari, ma contribuisce anche a una maggiore serenità e sicurezza economica. L'intersezione tra psicologia e finanza è un campo in continua evoluzione, che offre intuizioni preziose per chiunque voglia navigare con successo nelle complessità del mondo economico.

Capitolo 11: Etica e Sostenibilità negli Investimenti

Negli ultimi decenni, la sostenibilità e l'etica hanno assunto un ruolo centrale nel mondo degli investimenti. In un contesto caratterizzato da crescenti preoccupazioni per il cambiamento climatico, le disuguaglianze sociali e la responsabilità aziendale, sempre più investitori stanno orientando le proprie decisioni verso strumenti e opportunità che non solo offrono rendimenti finanziari, ma rispettano anche principi di sostenibilità e valori etici. Questo approccio è noto come **investimento responsabile**, e si basa sull'integrazione di criteri ambientali, sociali e di governance (ESG) nel processo decisionale. Gli investimenti responsabili rappresentano una rivoluzione culturale che coinvolge non solo gli investitori istituzionali, come fondi pensione e grandi aziende, ma anche i singoli investitori che vogliono allineare i loro valori personali con le loro scelte finanziarie. Questa trasformazione non è solo una risposta alle richieste di un pubblico sempre più consapevole e attento, ma anche una strategia per mitigare rischi finanziari a lungo termine. Le aziende che non rispettano standard ambientali, sociali o di governance sono infatti più esposte a controversie legali, boicottaggi e svalutazioni, che possono compromettere la loro performance finanziaria.

Un elemento fondamentale dell'investimento responsabile è rappresentato dai **criteri ESG**. Questi criteri sono suddivisi in tre categorie principali. Il primo, "E" per "ambientale", valuta l'impatto delle attività di un'azienda sull'ambiente, come le emissioni di carbonio, l'uso delle risorse naturali e l'impegno per l'energia rinnovabile. Il secondo, "S" per "sociale", si concentra su aspetti come i diritti umani, le condizioni di lavoro, la diversità e l'inclusione. Infine, il terzo, "G" per "governance", analizza la trasparenza aziendale, la struttura del consiglio di amministrazione, la gestione dei rischi e la condotta etica.

L'applicazione dei criteri ESG nel processo di investimento ha dato origine a una vasta gamma di strumenti finanziari progettati per soddisfare le esigenze degli investitori etici. Tra questi troviamo i fondi comuni e gli ETF ESG, che selezionano aziende con alti standard di sostenibilità, e le obbligazioni verdi, emesse per finanziare progetti ecologicamente sostenibili. Anche i green bond, utilizzati per finanziare iniziative come l'energia rinnovabile e l'efficienza energetica, hanno visto un'impennata di popolarità negli ultimi anni, attestandosi come una delle opportunità più innovative nel panorama degli investimenti sostenibili.

Tuttavia, la crescente domanda di investimenti responsabili ha anche portato all'emergere del fenomeno del **greenwashing**. Questo termine si riferisce alla pratica di alcune aziende di esagerare o falsificare i loro sforzi per essere percepite come sostenibili, ingannando gli investitori. Il greenwashing rappresenta una sfida significativa per il settore, poiché mina la fiducia degli investitori e può portare a scelte finanziarie basate su informazioni fuorvianti. Per contrastare questo problema, sono state introdotte normative più rigorose e standard di reporting ESG più trasparenti, progettati per garantire che le aziende siano valutate in modo accurato e affidabile. Gli investimenti responsabili offrono numerosi vantaggi. In primo luogo, consentono agli investitori di contribuire a un futuro più sostenibile, supportando aziende e progetti che affrontano sfide globali come il cambiamento climatico e le disuguaglianze sociali. In secondo luogo, molte ricerche indicano che le aziende con alti standard ESG tendono a ottenere migliori risultati finanziari nel lungo termine, grazie alla loro capacità di mitigare i rischi e adattarsi alle esigenze di un mondo in evoluzione. Infine, l'investimento responsabile offre agli investitori un senso di soddisfazione personale e coerenza tra i propri valori e le proprie azioni. Le aziende che abbracciano i principi ESG non solo attraggono più capitali, ma spesso godono anche di un maggiore supporto da parte dei consumatori e della comunità. Brand come Patagonia e Tesla sono esempi di come l'impegno per la sostenibilità possa trasformarsi in un vantaggio competitivo. Patagonia, con la sua enfasi sulla conservazione dell'ambiente e sulla responsabilità sociale, ha costruito una base di clienti fedeli disposti a pagare un premio per i suoi prodotti. Tesla, invece, ha rivoluzionato l'industria automobilistica, spingendo verso un futuro più sostenibile attraverso i veicoli elettrici. Nonostante i progressi, il percorso verso una finanza più etica e sostenibile non è privo di ostacoli. Uno dei principali è la mancanza di standard uniformi per la valutazione delle performance ESG. Questo problema rende difficile per gli investitori confrontare le aziende e identificare quelle che realmente rispettano i criteri di sostenibilità. Per affrontare questa sfida, organizzazioni come il Global Reporting Initiative (GRI) e il Sustainability Accounting Standards Board (SASB) stanno lavorando per sviluppare linee guida standardizzate che migliorino la trasparenza e la comparabilità. Un altro ostacolo significativo è rappresentato dalla percezione errata che gli investimenti responsabili comportino un compromesso in termini di rendimento. Mentre in passato alcuni investitori temevano che evitare settori controversi, come il petrolio o il tabacco, potesse limitare le opportunità di guadagno, studi recenti hanno dimostrato che i portafogli ESG ben costruiti possono offrire rendimenti competitivi o addirittura superiori rispetto ai portafogli tradizionali. Questa scoperta sta contribuendo a dissipare i miti e a incoraggiare un numero crescente di investitori a considerare l'etica e la sostenibilità come parte integrante delle loro strategie finanziarie. Il futuro degli investimenti responsabili appare promettente. Con un crescente sostegno da parte di governi, istituzioni finanziarie e consumatori, si prevede che il mercato continuerà a espandersi. L'innovazione tecnologica, come l'intelligenza artificiale e la blockchain, potrebbe svolgere un ruolo cruciale nel migliorare la trasparenza e l'efficienza del reporting ESG. Inoltre, l'emergere di nuove forme di investimento, come le obbligazioni sociali e i fondi per l'impatto, offre ulteriori opportunità per gli investitori che vogliono fare la differenza. In conclusione, l'etica e la sostenibilità negli investimenti non sono solo una tendenza temporanea, ma una trasformazione profonda e duratura del modo in cui pensiamo e gestiamo il denaro. Integrare i principi ESG nelle decisioni finanziarie non è solo una scelta etica, ma una strategia intelligente per mitigare i rischi, migliorare i rendimenti e contribuire a un futuro più equo e sostenibile. Con una maggiore consapevolezza, regolamentazione e innovazione, gli investimenti responsabili hanno il potenziale per ridefinire il panorama finanziario globale e creare un impatto positivo duraturo per le generazioni future.

Capitolo 12: Strategie di Investimento Alternativo

Gli investimenti alternativi rappresentano una frontiera affascinante e in rapida evoluzione nel mondo della finanza. Si tratta di strumenti e asset che si discostano dai mercati tradizionali, come azioni e obbligazioni, e che offrono opportunità uniche per diversificare i portafogli e, in molti casi, ottenere rendimenti più elevati. Tuttavia, questo tipo di investimenti comporta anche rischi significativi e richiede una comprensione approfondita delle dinamiche di mercato, delle tendenze settoriali e delle strategie di mitigazione dei rischi. Gli investimenti alternativi comprendono una vasta gamma di opzioni, tra cui arte, vino, criptovalute, beni da collezione, immobili, hedge fund, private equity e piattaforme di crowdlending. Ognuna di queste categorie presenta caratteristiche e sfide specifiche che richiedono un approccio strategico e ben informato.
Uno dei settori più affascinanti degli investimenti alternativi è quello dell'arte e dei beni da collezione. Investire in opere d'arte, oggetti di design o beni di lusso come orologi e gioielli

può offrire rendimenti straordinari, ma il mercato è altamente soggettivo e influenzato da fattori come la percezione pubblica, le mode culturali e la rarità degli oggetti. L'arte è considerata un bene rifugio, poiché tende a mantenere il suo valore anche durante periodi di instabilità economica. Tuttavia, la valutazione delle opere d'arte richiede competenze specifiche e una conoscenza approfondita del mercato. Ad esempio, le opere di artisti emergenti possono offrire rendimenti elevati ma comportano un rischio maggiore rispetto a quelle di artisti affermati. Inoltre, i costi associati all'acquisto, alla conservazione e alla vendita delle opere d'arte possono ridurre i margini di profitto.

Un altro settore in crescita è quello del vino e degli alcolici di lusso. Il vino pregiato, in particolare, è diventato un investimento popolare grazie alla sua capacità di apprezzarsi nel tempo e alla domanda costante da parte dei collezionisti e degli intenditori. Tuttavia, investire in vino richiede una conoscenza approfondita delle etichette, delle annate e delle condizioni di conservazione. Le piattaforme di investimento in vino, come Winefraud e Cavex, offrono strumenti per monitorare il mercato e connettere investitori con produttori e distributori. Analogamente, gli alcolici di lusso, come whisky e cognac di alta qualità, stanno guadagnando popolarità tra gli investitori alla ricerca di asset alternativi con un potenziale di rendimento elevato.

Le criptovalute rappresentano un altro segmento in rapida crescita degli investimenti alternativi. Negli ultimi anni, il mercato delle criptovalute ha attirato l'attenzione globale grazie ai suoi rendimenti straordinari e alla sua capacità di rivoluzionare il sistema finanziario tradizionale. Tuttavia, le criptovalute sono anche note per la loro volatilità estrema e per i rischi associati alla mancanza di regolamentazione. Investire in criptovalute richiede una comprensione approfondita della tecnologia blockchain, delle dinamiche di mercato e dei fattori che influenzano i prezzi. Oltre alle criptovalute tradizionali come Bitcoin ed Ethereum, il mercato offre una vasta gamma di altcoin e token che presentano opportunità e rischi unici. Le piattaforme di trading e gli exchange, come Binance e Coinbase, offrono strumenti per negoziare criptovalute, ma è essenziale adottare misure di sicurezza rigorose per proteggere i propri investimenti da frodi e attacchi informatici.

Gli immobili rappresentano un'altra opzione popolare tra gli investimenti alternativi. Oltre agli investimenti tradizionali in proprietà residenziali e commerciali, il mercato offre una varietà di opportunità, come i REIT (Real Estate Investment Trusts) e le piattaforme di crowdfunding immobiliare. I REIT consentono agli investitori di partecipare al mercato immobiliare senza dover acquistare e gestire direttamente una proprietà. Questi strumenti offrono rendimenti stabili attraverso dividendi e sono accessibili anche con capitali ridotti. D'altro canto, le piattaforme di crowdfunding immobiliare, come Fundrise e RealtyMogul, consentono di investire in progetti specifici, come lo sviluppo di nuovi complessi residenziali o la ristrutturazione di immobili commerciali, offrendo una maggiore trasparenza e il potenziale di rendimenti elevati. Gli hedge fund e il private equity rappresentano opportunità di investimento alternativo per investitori qualificati e istituzionali. Gli hedge fund utilizzano strategie di investimento avanzate, come la vendita allo scoperto e l'uso di leva finanziaria, per generare rendimenti anche in mercati ribassisti. Tuttavia, questi strumenti sono noti per le loro alte commissioni e per la loro complessità, che li rendono inadatti alla maggior parte degli investitori al dettaglio. Il private equity, invece, offre l'opportunità di investire in aziende private o in fasi iniziali del loro sviluppo. Questo tipo di investimento può offrire rendimenti significativi, ma comporta anche rischi elevati e un orizzonte temporale lungo.

Il crowdlending e il peer-to-peer lending rappresentano alternative interessanti agli investimenti tradizionali. Queste

piattaforme consentono agli investitori di prestare denaro direttamente a privati o imprese, eliminando la necessità di intermediari come le banche. Il crowdlending offre rendimenti competitivi, ma è importante valutare attentamente il rischio di default e diversificare il portafoglio tra diversi prestiti per ridurre l'esposizione. Le piattaforme di crowdlending, come LendingClub e Prosper, offrono strumenti per monitorare il rendimento e gestire i rischi associati. Gli investimenti alternativi offrono numerosi vantaggi, tra cui la diversificazione del portafoglio e il potenziale di rendimenti elevati. Tuttavia, è fondamentale considerare anche i rischi, come la mancanza di liquidità, la volatilità dei prezzi e la complessità dei mercati. Per mitigare questi rischi, è essenziale effettuare una due diligence approfondita, consultare esperti del settore e sviluppare una strategia di investimento ben definita.
In conclusione, le strategie di investimento alternativo rappresentano una componente importante di un portafoglio diversificato e offrono opportunità uniche per gli investitori disposti a esplorare mercati non convenzionali. Sebbene questi strumenti richiedano una maggiore conoscenza e una gestione attenta, possono fornire rendimenti significativi e contribuire a raggiungere obiettivi finanziari a lungo termine. Con una pianificazione strategica e un approccio informato, gli investimenti alternativi possono diventare un elemento chiave per il successo finanziario.

Capitolo 13: La Generazione di Reddito Passivo

La generazione di reddito passivo è una delle strategie più ambite da chi cerca stabilità economica e indipendenza finanziaria. Questo concetto si basa sulla creazione di flussi di reddito che continuano a produrre guadagni con un impegno minimo o nullo una volta avviati. Non si tratta di denaro che arriva senza lavoro;

piuttosto, richiede un investimento iniziale, che può essere di capitale, tempo o competenze, per costruire sistemi o strumenti che operano in modo autonomo. La bellezza del reddito passivo risiede nella sua capacità di creare una fonte di guadagno costante, riducendo la dipendenza da un impiego tradizionale e offrendo maggiore libertà e flessibilità. Una delle forme più comuni di reddito passivo è rappresentata dagli investimenti finanziari. Le azioni che generano dividendi sono uno degli strumenti più popolari per costruire un flusso di reddito stabile. Acquistando azioni di aziende solide e mature che distribuiscono regolarmente dividendi, gli investitori possono ottenere un ritorno periodico senza dover vendere le proprie partecipazioni. Per esempio, aziende del settore energetico, bancario e delle telecomunicazioni sono note per offrire dividendi consistenti. Il reinvestimento di questi dividendi può accelerare il processo di crescita del capitale, sfruttando il potere dell'interesse composto. Tuttavia, è importante selezionare attentamente le aziende, considerando non solo il rendimento dei dividendi ma anche la solidità finanziaria e le prospettive di crescita a lungo termine.

Un'altra opportunità significativa di reddito passivo è offerta dagli immobili. Le proprietà in affitto, sia residenziali che commerciali, rappresentano una fonte di reddito regolare attraverso i canoni di locazione. L'investimento in immobili richiede un capitale iniziale significativo e competenze nella gestione delle proprietà, ma offre rendimenti potenzialmente elevati e benefici fiscali. Oltre alla locazione tradizionale, l'emergere di piattaforme come Airbnb ha aperto nuove opportunità per monetizzare proprietà attraverso l'affitto a breve termine. Questo modello consente ai proprietari di adattarsi alle fluttuazioni stagionali e di ottimizzare i guadagni. Tuttavia, la gestione degli affitti a breve termine richiede un maggiore impegno operativo e la conformità a regolamenti locali che possono variare notevolmente.

Il reddito passivo può essere generato anche attraverso la creazione e la monetizzazione di contenuti digitali. Autori, musicisti e creatori di contenuti possono guadagnare royalties dalle loro opere, come libri, canzoni, video o fotografie. Una volta creato il contenuto, i diritti d'autore consentono di ottenere guadagni ricorrenti ogni volta che viene utilizzato o venduto. Ad esempio, un autore di un e-book può continuare a guadagnare royalties per anni attraverso piattaforme come Amazon Kindle Direct Publishing. Analogamente, i video caricati su YouTube possono generare entrate pubblicitarie costanti, a condizione che il contenuto rimanga rilevante e popolare. Le piattaforme online hanno aperto un mondo di possibilità per chi desidera costruire reddito passivo attraverso modelli di business digitali. L'e-commerce, ad esempio, consente di creare negozi online che vendono prodotti fisici o digitali. Con l'aiuto del dropshipping, è possibile gestire un'attività senza dover mantenere un inventario, poiché i fornitori si occupano direttamente della spedizione ai clienti. Questo modello riduce i costi iniziali e semplifica la gestione operativa. Inoltre, il marketing di affiliazione è un'altra strategia popolare per generare reddito passivo online. Promuovendo prodotti o servizi di altre aziende, gli affiliati guadagnano una commissione su ogni vendita generata tramite il loro link di affiliazione. Un'opzione emergente per creare reddito passivo è rappresentata dagli investimenti in piattaforme di crowdlending e peer-to-peer lending. Questi strumenti consentono agli investitori di prestare denaro direttamente a privati o imprese in cambio di interessi. Piattaforme come LendingClub e Mintos facilitano il processo, offrendo strumenti per diversificare i prestiti e monitorare i rendimenti. Sebbene queste opportunità offrano tassi di interesse più elevati rispetto ai conti di risparmio tradizionali, comportano anche rischi, come il mancato rimborso da parte dei mutuatari. Per mitigare questi rischi, è essenziale diversificare il portafoglio tra un'ampia gamma di prestiti e analizzare attentamente il profilo di rischio dei mutuatari.

Gli investimenti in criptovalute e token possono offrire un'altra forma di reddito passivo attraverso lo staking e il lending. Lo staking consente agli investitori di guadagnare ricompense bloccando le proprie criptovalute in una rete blockchain per supportare operazioni come la convalida delle transazioni. Il lending, invece, prevede il prestito di criptovalute ad altri utenti o piattaforme in cambio di interessi. Queste strategie richiedono una comprensione approfondita del mercato delle criptovalute e un'attenta valutazione dei rischi, ma possono generare rendimenti significativi in un settore in continua espansione.

Un altro metodo di reddito passivo è la creazione di un fondo di investimento immobiliare privato o partecipazioni in progetti di sviluppo immobiliare. Questo approccio consente agli investitori di collaborare con altri per finanziare e sviluppare progetti immobiliari, beneficiando dei rendimenti senza dover gestire direttamente le proprietà. Questo modello è particolarmente interessante per chi desidera accedere al mercato immobiliare con un capitale iniziale inferiore e con meno impegni operativi.

La costruzione di reddito passivo richiede una pianificazione strategica e un impegno iniziale significativo, ma i benefici a lungo termine possono essere enormi. Una volta stabiliti, questi flussi di reddito offrono stabilità finanziaria, riducono la dipendenza da un reddito attivo e consentono di dedicare più tempo a passioni, progetti personali o famiglia. Tuttavia, è fondamentale diversificare le fonti di reddito passivo per mitigare i rischi e garantire la sostenibilità a lungo termine.

In conclusione, il reddito passivo rappresenta un elemento chiave nella ricerca dell'indipendenza finanziaria. Attraverso un mix di investimenti finanziari, immobili, contenuti digitali e modelli di business innovativi, è possibile costruire una rete di flussi di reddito che lavorano per te, offrendo sicurezza economica e libertà personale. Con la giusta combinazione di conoscenza, strategia e perseveranza, il reddito passivo non è solo un obiettivo raggiungibile, ma una realtà che può trasformare la vita finanziaria di chiunque.

Capitolo 14: L'Educazione Finanziaria per i Giovani

L'educazione finanziaria è una delle competenze fondamentali che ogni giovane dovrebbe acquisire per costruire una vita di stabilità economica e di successo personale. Tuttavia, in molte parti del mondo, questa materia è ancora sottovalutata o assente dai programmi scolastici tradizionali, lasciando intere generazioni impreparate ad affrontare le complessità del mondo finanziario. L'acquisizione precoce di competenze finanziarie può avere un impatto significativo sulla capacità di prendere decisioni economiche consapevoli, di evitare situazioni di debito insostenibile e di costruire un futuro prospero. Investire nell'educazione finanziaria dei giovani non è solo un beneficio personale, ma rappresenta un vantaggio per l'intera società, poiché crea cittadini più consapevoli e responsabili. Il primo passo per sviluppare un'efficace educazione finanziaria per i giovani è introdurre i concetti fondamentali del denaro, come il suo valore e il suo utilizzo. I bambini iniziano a formarsi un'idea del denaro osservando i comportamenti degli adulti intorno a loro. Questo rende i genitori, i tutori e gli educatori le prime fonti di apprendimento finanziario. Dare ai bambini piccoli importi di denaro da gestire, come una paghetta settimanale o mensile, è un metodo pratico per insegnare loro l'importanza di fare scelte consapevoli. Per esempio, si può incoraggiare un bambino a risparmiare una parte della sua paghetta per acquistare un giocattolo desiderato, insegnandogli così il valore del risparmio e della pianificazione. Man mano che i giovani crescono, le lezioni finanziarie possono evolversi per affrontare argomenti più complessi, come la gestione di un budget, il risparmio per obiettivi a medio termine e l'introduzione ai concetti di interesse e investimento. Durante l'adolescenza, molti giovani iniziano a sperimentare la gestione del denaro guadagnato attraverso lavori part-time o iniziative imprenditoriali. Questo momento è ideale per insegnare loro come allocare le risorse tra spese, risparmi e investimenti futuri. Creare un bilancio personale aiuta i giovani a comprendere l'importanza di vivere entro i propri mezzi, tenendo conto delle priorità e stabilendo obiettivi economici chiari. Uno degli insegnamenti più preziosi per i giovani è il concetto di risparmio. Spesso, i giovani non percepiscono immediatamente il valore del risparmio, soprattutto in un'era di consumismo sfrenato e gratificazione istantanea. Introdurre strumenti pratici, come un conto di risparmio dedicato o una cassaforte personale, può aiutare a visualizzare e comprendere l'accumulo di risorse nel tempo. È importante che i giovani imparino a distinguere tra desideri e bisogni, e a dare priorità agli obiettivi finanziari a lungo termine, come l'acquisto di un'auto, l'istruzione superiore o la costruzione di un fondo di emergenza. Il concetto di interesse composto è un altro pilastro dell'educazione finanziaria che dovrebbe essere introdotto il prima possibile. Insegnare ai giovani come il denaro può crescere nel tempo attraverso il risparmio e l'investimento li aiuta a comprendere l'importanza di iniziare presto. Per esempio, un semplice esercizio che mostra come un piccolo importo risparmiato regolarmente può moltiplicarsi nel tempo grazie all'interesse composto può avere un impatto duraturo sulla loro mentalità finanziaria. Questo concetto non solo promuove il risparmio, ma prepara i giovani a considerare l'investimento come un'opportunità per costruire ricchezza.

L'introduzione agli investimenti è una parte cruciale

dell'educazione finanziaria per i giovani, anche se spesso trascurata. La paura del rischio o la percezione che gli investimenti siano riservati a esperti del settore possono scoraggiare i giovani dal considerare questa opzione. Tuttavia, spiegare le basi dell'investimento, come la diversificazione, il rischio e il rendimento, e introdurre strumenti semplici come i fondi indicizzati o i conti di risparmio a lungo termine, può demistificare l'argomento e renderlo accessibile. Inoltre, piattaforme moderne come applicazioni mobili e simulatori di mercato offrono un modo pratico e interattivo per imparare a investire senza rischiare denaro reale. Un altro aspetto fondamentale dell'educazione finanziaria è insegnare ai giovani a gestire il debito in modo responsabile. In un mondo in cui le carte di credito, i prestiti studenteschi e altre forme di finanziamento sono facilmente accessibili, comprendere come funzionano i tassi di interesse e le condizioni di rimborso è essenziale per evitare di cadere in situazioni di debito insostenibile. Simulazioni pratiche che mostrano come un piccolo debito possa crescere rapidamente se non viene gestito correttamente possono aiutare i giovani a comprendere l'importanza di vivere entro i propri mezzi e di usare il credito in modo oculato. Oltre alle competenze tecniche, l'educazione finanziaria deve affrontare anche la dimensione psicologica e comportamentale delle decisioni economiche. I giovani devono essere consapevoli dell'impatto delle emozioni, delle pressioni sociali e delle tendenze del consumismo sulle loro scelte finanziarie. Insegnare la resilienza finanziaria, la capacità di dire "no" a spese superflue e l'importanza di rimanere fedeli ai propri obiettivi economici è altrettanto importante quanto fornire competenze pratiche. Strumenti come diari finanziari o app che monitorano le abitudini di spesa possono aiutare i giovani a sviluppare una maggiore consapevolezza del loro comportamento economico. L'educazione finanziaria per i giovani non dovrebbe limitarsi all'ambito familiare, ma essere integrata nel sistema educativo. Le scuole svolgono un ruolo cruciale nel fornire conoscenze finanziarie di base e nel preparare gli studenti ad affrontare il mondo reale. Programmi scolastici dedicati all'educazione finanziaria possono includere simulazioni di bilancio familiare, progetti di investimento e lezioni interattive che insegnano competenze pratiche come la lettura di estratti conto, la comprensione delle tasse e la valutazione delle offerte di lavoro. Includere l'educazione finanziaria come parte del curriculum ufficiale garantisce che tutti i giovani abbiano accesso a queste competenze essenziali, indipendentemente dal loro background economico o sociale. L'alfabetizzazione finanziaria dei giovani non è solo una responsabilità di genitori ed educatori, ma richiede anche il supporto delle istituzioni finanziarie e delle aziende tecnologiche. Molte banche e piattaforme digitali stanno sviluppando strumenti dedicati all'educazione finanziaria per i giovani, come app che simulano mercati azionari, programmi di risparmio personalizzati e giochi educativi. Questi strumenti non solo rendono l'apprendimento divertente e interattivo, ma aiutano anche i giovani a sviluppare una mentalità positiva e proattiva nei confronti del denaro. In conclusione, l'educazione finanziaria per i giovani è una delle chiavi per costruire una società più prospera e responsabile. Insegnare ai giovani a gestire il denaro, a risparmiare, a investire e a prendere decisioni economiche consapevoli non solo migliora la loro qualità di vita, ma contribuisce anche a creare una base economica più solida per il futuro. Attraverso una combinazione di insegnamenti pratici, strumenti innovativi e supporto istituzionale, possiamo garantire che le nuove generazioni siano pronte ad affrontare le sfide finanziarie del mondo moderno e a coglierne le opportunità con fiducia e competenza.

Capitolo 15: Il Ruolo delle Banche Centrali e delle Politiche Monetarie

Le banche centrali sono istituzioni fondamentali per il funzionamento dell'economia globale. Attraverso le loro politiche monetarie, queste entità esercitano un'influenza decisiva su vari aspetti dell'economia, come l'inflazione, i tassi di interesse, l'occupazione e la stabilità finanziaria. Comprendere il ruolo delle banche centrali è essenziale per analizzare i meccanismi economici e per prendere decisioni informate sia a livello individuale che aziendale. Questo capitolo esplorerà in dettaglio le funzioni principali delle banche centrali, i loro strumenti operativi, l'evoluzione delle politiche monetarie e il loro impatto sull'economia reale e sui mercati finanziari. Una delle funzioni principali delle banche centrali è il controllo dell'offerta di moneta e dei tassi di interesse. L'obiettivo primario di questa attività è mantenere la stabilità dei prezzi, prevenendo sia l'inflazione eccessiva che la deflazione. L'inflazione si verifica quando i prezzi dei beni e servizi aumentano rapidamente, riducendo il potere d'acquisto del denaro. Al contrario, la deflazione è caratterizzata da un calo dei prezzi, che può scoraggiare la spesa e gli investimenti, portando a una contrazione economica. Le banche centrali, come la Federal Reserve (Fed) negli Stati Uniti o la Banca Centrale Europea (BCE), utilizzano una serie di strumenti per mantenere l'inflazione a livelli considerati ottimali, spesso attorno al 2% annuale nei paesi sviluppati. Uno degli strumenti più potenti a disposizione delle banche centrali è la politica dei tassi di interesse. Modificando i tassi di riferimento, le banche centrali influenzano il costo del credito nell'economia. Quando i tassi di interesse sono bassi, il denaro diventa più economico da prendere in prestito, incentivando consumi e investimenti. Questo stimola la crescita economica, ma può anche portare a un surriscaldamento dell'economia e a pressioni inflazionistiche. D'altra parte, quando i tassi di interesse sono elevati, il credito diventa più costoso, riducendo la spesa e contenendo l'inflazione, ma con il rischio di rallentare l'attività economica. Oltre alla regolazione dei tassi di interesse, le banche centrali utilizzano anche operazioni di mercato aperto per gestire l'offerta di moneta. Questo strumento consiste nell'acquisto o nella vendita di titoli di stato sul mercato finanziario. Quando una banca centrale acquista titoli, immette liquidità nel sistema economico, favorendo l'espansione del credito. Al contrario, la vendita di titoli riduce la liquidità, rafforzando il controllo sull'inflazione. Queste operazioni vengono regolate con grande precisione per evitare fluttuazioni destabilizzanti nei mercati finanziari. Un altro strumento fondamentale delle banche centrali è il controllo delle riserve obbligatorie. Le riserve obbligatorie rappresentano la quantità di denaro che le banche commerciali devono mantenere nei loro conti presso la banca centrale, in proporzione ai depositi dei clienti. Aumentando o diminuendo il tasso di riserva obbligatoria, le banche centrali possono influenzare direttamente la quantità di credito disponibile nell'economia. Ad esempio, una riduzione del tasso di riserva obbligatoria libera liquidità, consentendo alle banche di concedere più prestiti, mentre un aumento del tasso limita il credito disponibile, rafforzando il controllo sui rischi inflazionistici. Le politiche monetarie non convenzionali sono emerse come strumenti cruciali durante periodi di crisi economica. Una delle più note è il quantitative easing (QE), utilizzato per la prima volta su larga scala durante la crisi finanziaria globale del 2008-2009. Il QE consiste nell'acquisto massiccio di titoli da parte della banca centrale per aumentare la liquidità nel sistema economico e ridurre i tassi di interesse a lungo termine. Questo strumento è stato determinante per stabilizzare i mercati finanziari e stimolare la ripresa economica in molti paesi. Tuttavia, il QE ha sollevato anche critiche, poiché può ampliare le disuguaglianze economiche favorendo i detentori di asset finanziari e creare bolle speculative in alcuni settori. Le banche centrali svolgono anche un ruolo chiave nella supervisione e regolamentazione del sistema bancario. Garantire la stabilità finanziaria è una priorità assoluta, poiché il collasso di una grande istituzione bancaria può avere effetti devastanti sull'economia. Attraverso stress test e requisiti patrimoniali, le banche centrali monitorano la salute delle banche commerciali e adottano misure preventive per ridurre i rischi sistemici. Ad esempio, la BCE e altre autorità hanno introdotto requisiti patrimoniali più stringenti dopo la crisi finanziaria globale per rafforzare la resilienza del sistema bancario europeo. L'influenza delle banche centrali si estende anche ai mercati valutari. Attraverso interventi diretti e indiretti, le banche centrali possono influenzare i tassi di cambio delle valute per sostenere la competitività economica o mantenere la stabilità monetaria. Ad esempio, una svalutazione della moneta può favorire le esportazioni rendendo i prodotti nazionali più competitivi sui mercati internazionali, mentre un apprezzamento può ridurre il costo delle importazioni. Tuttavia, le politiche valutarie devono essere gestite con cautela, poiché le manipolazioni eccessive possono portare a tensioni commerciali e instabilità nei mercati globali. Con l'avvento delle criptovalute e delle valute digitali, il ruolo delle banche centrali è stato messo in discussione, spingendo molte di esse a considerare lo sviluppo di valute digitali delle banche centrali (CBDC). Le CBDC rappresentano una forma digitale di moneta sovrana emessa direttamente dalle banche centrali. Queste valute offrono vantaggi significativi, come la possibilità di facilitare i pagamenti transfrontalieri, aumentare l'inclusione finanziaria e migliorare il controllo sull'offerta di moneta. Tuttavia, l'introduzione delle CBDC solleva anche interrogativi sulla privacy, sulla sicurezza e sull'impatto sul sistema bancario tradizionale. Le politiche monetarie delle banche centrali non sono esenti da sfide. Ad esempio, l'interdipendenza economica globale rende più difficile per le banche centrali perseguire obiettivi esclusivamente nazionali. Inoltre, i cambiamenti strutturali, come l'invecchiamento della popolazione e le innovazioni tecnologiche, influenzano la domanda e l'offerta di lavoro, complicando ulteriormente la gestione della politica monetaria. Infine, è importante considerare l'impatto sociale delle decisioni delle banche centrali. Sebbene le loro politiche siano spesso progettate per favorire la stabilità macroeconomica, possono avere conseguenze non intenzionali sulle disuguaglianze economiche. Ad esempio, i bassi tassi di interesse possono avvantaggiare i detentori di asset finanziari, ampliando il divario tra ricchi e poveri. Questo rende fondamentale un approccio trasparente e comunicativo, affinché le banche centrali possano mantenere la fiducia del pubblico e bilanciare i diversi interessi in gioco. In conclusione, le banche centrali e le loro politiche monetarie sono pilastri essenziali dell'economia moderna. Attraverso strumenti tradizionali e innovativi, queste istituzioni influenzano profondamente la vita quotidiana, dai costi del credito ai prezzi dei beni di consumo. Mentre affrontano sfide sempre più complesse in un mondo in rapida evoluzione, il loro ruolo rimane cruciale per garantire la stabilità economica e finanziaria a livello globale. Una comprensione approfondita del loro funzionamento è indispensabile per chiunque voglia navigare con successo nel panorama economico contemporaneo.

Capitolo 17: Il Futuro del Lavoro e l'Impatto sulle Finanze Personali

Il mondo del lavoro sta attraversando una trasformazione senza precedenti, guidata da innovazioni tecnologiche, cambiamenti demografici e nuove aspettative culturali. Questi sviluppi stanno ridefinendo non solo il modo in cui le persone lavorano, ma anche il modo in cui pianificano e gestiscono le loro finanze personali. Il passaggio dal tradizionale lavoro dipendente a modelli più flessibili, come il lavoro freelance, il telelavoro e l'autoimprenditorialità, ha creato opportunità significative ma anche nuove sfide. Per navigare con successo questo panorama in evoluzione, è essenziale comprendere come questi cambiamenti influenzano il reddito, il risparmio, gli investimenti e la sicurezza finanziaria a lungo termine. Uno dei cambiamenti più evidenti nel mercato del lavoro è l'ascesa del lavoro remoto e delle piattaforme freelance. Tecnologie come il cloud computing, le videoconferenze e le piattaforme collaborative hanno reso possibile lavorare da qualsiasi luogo, eliminando le tradizionali barriere geografiche. Per molti, questo ha significato maggiore flessibilità e opportunità di bilanciare vita lavorativa e personale. Tuttavia, l'assenza di una struttura lavorativa tradizionale può complicare la gestione del reddito e dei benefici, come l'assicurazione sanitaria, i contributi pensionistici e le ferie retribuite. I lavoratori freelance e indipendenti devono spesso creare i propri sistemi per gestire queste responsabilità, il che richiede un'educazione finanziaria adeguata e una pianificazione strategica. Il passaggio a un'economia più flessibile ha anche accentuato la necessità di diversificare le fonti di reddito. Molti professionisti stanno abbandonando il concetto di un unico lavoro stabile per costruire portafogli di attività che includono progetti freelance, side hustle (attività secondarie) e redditi passivi. Questo approccio offre maggiore resilienza economica, ma richiede anche una gestione attenta del tempo e delle risorse. Ad esempio, una persona potrebbe combinare un lavoro principale con la creazione di contenuti digitali o con il trading di azioni, bilanciando la necessità di reddito immediato con obiettivi di crescita a lungo termine.

L'automazione e l'intelligenza artificiale stanno trasformando radicalmente molti settori, sostituendo lavori tradizionali con sistemi automatizzati e creando nuove opportunità in aree ad alta tecnologia. Sebbene queste innovazioni possano aumentare la produttività e ridurre i costi, sollevano anche preoccupazioni sul futuro dell'occupazione. I lavoratori devono adattarsi rapidamente, sviluppando competenze richieste in settori emergenti come la programmazione, l'analisi dei dati e la gestione dei sistemi automatizzati. Per chi riesce a identificare e coltivare competenze di valore, l'automazione può rappresentare un'opportunità per ottenere ruoli meglio remunerati e più stimolanti.

Un'altra tendenza significativa è rappresentata dall'invecchiamento della forza lavoro e dalla crescente diversità generazionale nei luoghi di lavoro. Con l'aumento dell'età pensionabile e l'allungamento della vita, molte persone scelgono di lavorare più a lungo, sia per motivi economici che per il desiderio di rimanere attive e impegnate. Questo crea nuove dinamiche nelle organizzazioni, in cui i giovani professionisti lavorano fianco a fianco con colleghi più esperti. Queste interazioni possono essere arricchenti, ma richiedono anche flessibilità e apertura mentale per affrontare le differenze nelle aspettative lavorative e nelle priorità finanziarie. La crescente attenzione alla salute mentale e al benessere sta influenzando il modo in cui le persone valutano il loro lavoro e le loro finanze. Sempre più lavoratori preferiscono occupazioni che offrono un equilibrio tra vita lavorativa e personale, anche a costo di guadagni inferiori. Questo cambiamento sta spingendo le aziende a riconsiderare i loro modelli di lavoro, offrendo benefit come orari flessibili, congedi parentali estesi e programmi di supporto per il benessere. Tuttavia, per i lavoratori, scegliere la flessibilità rispetto al reddito richiede una pianificazione finanziaria oculata per mantenere la sicurezza

economica a lungo termine.
Il futuro del lavoro porta con sé anche sfide legate alla previdenza e alla sicurezza sociale. Con l'aumento del lavoro freelance e dell'autoimprenditorialità, molti lavoratori non hanno accesso ai tradizionali piani pensionistici aziendali o ai benefici forniti dai datori di lavoro. Questo rende essenziale l'autogestione della previdenza, attraverso strumenti come conti di risparmio pensionistico individuali e investimenti a lungo termine. Inoltre, i governi dovranno affrontare la necessità di adattare i sistemi di sicurezza sociale per riflettere le nuove realtà del lavoro, garantendo che tutti i lavoratori abbiano accesso a una rete di protezione adeguata. La tecnologia sta inoltre rivoluzionando il modo in cui le persone acquisiscono competenze e si preparano per il mercato del lavoro. Le piattaforme di apprendimento online, come Coursera, Udemy e Khan Academy, offrono corsi su una vasta gamma di argomenti, consentendo ai lavoratori di aggiornare le loro competenze in modo flessibile e accessibile. Questa democratizzazione dell'istruzione sta creando opportunità per coloro che cercano di migliorare la propria posizione lavorativa o di esplorare nuove carriere, ma richiede anche autodisciplina e una chiara visione degli obiettivi professionali.
Infine, l'evoluzione del lavoro sta avendo un impatto significativo sulle dinamiche economiche globali. La crescente interconnessione tra le economie, facilitata dalla tecnologia, consente alle aziende di accedere a una forza lavoro globale, ma solleva anche questioni relative alla competitività, alla regolamentazione e ai diritti dei lavoratori. I singoli lavoratori devono essere consapevoli di come le tendenze globali influenzano il loro settore e adottare strategie per rimanere competitivi in un panorama in continua evoluzione.
In conclusione, il futuro del lavoro rappresenta un cambiamento profondo e multifacetico che richiede un nuovo approccio alla

gestione delle finanze personali. Attraverso la diversificazione delle fonti di reddito, lo sviluppo di competenze richieste, l'adozione di strumenti di pianificazione finanziaria e un'attenzione al benessere personale, i lavoratori possono affrontare con successo le sfide e le opportunità di un mercato del lavoro in evoluzione. Questo capitolo offre una guida per navigare questi cambiamenti con consapevolezza e preparazione, costruendo una base finanziaria solida e resiliente per il futuro.

Capitolo 18: La Pianificazione del Patrimonio per il Futuro

La pianificazione del patrimonio è un elemento fondamentale della gestione finanziaria personale, poiché consente di proteggere e trasferire i beni in modo efficace, garantendo la sicurezza economica per sé e per le generazioni future. Questo processo non riguarda solo le persone con grandi ricchezze, ma è essenziale per chiunque desideri preservare il valore del proprio patrimonio, minimizzare le imposte e garantire che i propri desideri siano rispettati in caso di eventi imprevisti. Pianificare il patrimonio significa prendere decisioni consapevoli su come i beni saranno gestiti e distribuiti, con l'obiettivo di evitare conflitti familiari, ridurre gli oneri fiscali e ottimizzare l'utilizzo delle risorse.
Un punto di partenza per la pianificazione del patrimonio è la creazione di un inventario completo dei beni e delle passività. Questo include proprietà immobiliari, conti bancari, investimenti, assicurazioni, oggetti di valore personale e debiti. Avere una visione chiara della propria situazione patrimoniale è essenziale per sviluppare un piano che rifletta i propri obiettivi e priorità. Ad esempio, una persona che possiede più proprietà immobiliari potrebbe voler garantire che ogni membro della famiglia riceva una quota equa o specificare

come queste proprietà dovrebbero essere utilizzate in futuro. La creazione di un testamento è uno degli strumenti più comuni e importanti per la pianificazione del patrimonio. Il testamento consente di stabilire in modo esplicito come i beni saranno distribuiti e chi sarà responsabile della loro gestione. Senza un testamento, i beni saranno distribuiti secondo le leggi di successione del proprio paese, che potrebbero non rispecchiare le proprie volontà. Un testamento ben redatto deve essere chiaro, aggiornato e conforme alle normative locali. È consigliabile consultare un avvocato specializzato in diritto successorio per garantire che il documento sia valido e completo.

Oltre al testamento, strumenti come i trust possono essere utilizzati per una gestione più avanzata del patrimonio. I trust offrono una maggiore flessibilità e possono essere utilizzati per proteggere i beni da imposte elevate, evitare la successione testamentaria (probate) e garantire che i beni siano gestiti secondo le proprie istruzioni anche dopo la propria morte. Ad esempio, un trust può essere istituito per fornire un reddito regolare a un coniuge o per finanziare l'istruzione dei figli. I trust possono essere revocabili o irrevocabili, ciascuno con vantaggi e svantaggi specifici che devono essere valutati attentamente.

Un altro aspetto fondamentale della pianificazione del patrimonio è la gestione delle imposte di successione e donazione. In molti paesi, le imposte sulla trasmissione del patrimonio possono ridurre significativamente il valore dei beni trasferiti agli eredi. Per minimizzare queste imposte, è possibile adottare diverse strategie, come il trasferimento anticipato di beni tramite donazioni, l'utilizzo di polizze assicurative sulla vita per coprire le imposte o l'investimento in asset che beneficiano di agevolazioni fiscali. Ad esempio, in alcuni paesi, i beni donati a organizzazioni di beneficenza possono essere dedotti dalle imposte, offrendo un doppio beneficio: ridurre il carico fiscale e supportare cause importanti.

La pianificazione del patrimonio non si limita alla distribuzione dei beni dopo la morte, ma include anche la preparazione per eventi imprevisti durante la vita. La creazione di un mandato fiduciario o di una procura permanente consente di designare una persona di fiducia che gestisca i propri affari finanziari e personali in caso di incapacità. Questo strumento è particolarmente importante per garantire che le decisioni siano prese in linea con i propri valori e interessi, evitando conflitti tra i membri della famiglia.

Un elemento spesso trascurato nella pianificazione del patrimonio è la protezione dei beni. Questo include misure per proteggere il patrimonio da potenziali rischi, come controversie legali, creditori o divorzi. L'utilizzo di trust o società holding può offrire una protezione legale e fiscale, garantendo che i beni siano al sicuro da attacchi esterni. Inoltre, l'assicurazione contro i rischi, come quella sulla vita, sulla salute o sui beni immobili, è una componente essenziale per proteggere il valore del patrimonio e ridurre gli imprevisti finanziari. La comunicazione è un altro aspetto cruciale della pianificazione del patrimonio. Molti conflitti familiari derivano dalla mancanza di chiarezza o dall'assenza di comunicazione sulle intenzioni del proprietario del patrimonio. Discutere apertamente delle proprie volontà con i membri della famiglia può evitare incomprensioni e garantire che tutti siano preparati a gestire il patrimonio in modo collaborativo. Questo è particolarmente importante in famiglie con strutture complesse, come famiglie allargate o con patrimoni significativi.

La pianificazione del patrimonio richiede anche una revisione periodica per garantire che il piano rimanga aggiornato e pertinente. Cambiamenti nella situazione personale, come matrimoni, divorzi, nascite o cambiamenti nelle leggi fiscali, possono influenzare il piano patrimoniale. Ad esempio, l'acquisto di nuove proprietà o l'apertura di conti bancari richiede un aggiornamento del testamento e degli altri strumenti di pianificazione. La revisione regolare consente di apportare modifiche necessarie per riflettere i cambiamenti delle circostanze personali e delle priorità. L'educazione finanziaria svolge un ruolo importante nella pianificazione del patrimonio, soprattutto quando si tratta di preparare le generazioni future a gestire i beni ereditati. Insegnare ai figli e agli eredi i principi della gestione del denaro, del risparmio e dell'investimento li aiuta a preservare e accrescere il patrimonio familiare. Programmi di educazione finanziaria o il coinvolgimento di consulenti esperti possono essere strumenti preziosi per garantire una transizione fluida del patrimonio.

Infine, la pianificazione del patrimonio non riguarda solo la protezione economica, ma anche l'allineamento con i propri valori e obiettivi personali. Molte persone scelgono di utilizzare il loro patrimonio per lasciare un'eredità significativa, come il finanziamento di borse di studio, la creazione di fondazioni o il supporto a cause filantropiche. Incorporare questi obiettivi nella pianificazione del patrimonio consente di trasformare la propria ricchezza in un impatto positivo e duraturo per la società.

In conclusione, la pianificazione del patrimonio è un processo complesso ma essenziale per garantire la sicurezza economica e il benessere delle generazioni future. Attraverso una combinazione di strumenti legali, fiscali e finanziari, è possibile creare un piano che rifletta le proprie priorità e protegga il valore del patrimonio. Con una pianificazione strategica, una comunicazione aperta e una revisione regolare, è possibile costruire un'eredità che non solo preserva la ricchezza, ma promuove anche valori e obiettivi significativi.

Capitolo 19: L'Importanza della Finanza Comportamentale nel Successo Economico

La finanza comportamentale è un campo interdisciplinare che

combina elementi di economia, psicologia e sociologia per studiare come le emozioni, i pregiudizi cognitivi e i comportamenti influenzano le decisioni economiche. Contrariamente ai modelli economici tradizionali, che assumono che gli individui siano perfettamente razionali e orientati al massimo vantaggio, la finanza comportamentale riconosce che le persone spesso agiscono in modo irrazionale, guidate da fattori emotivi e mentali. Comprendere queste dinamiche è essenziale per migliorare il proprio rapporto con il denaro, evitare errori costosi e massimizzare il successo finanziario a lungo termine. Uno dei concetti fondamentali della finanza comportamentale è il **pregiudizio cognitivo**. Questi errori sistematici nel ragionamento influenzano il modo in cui percepiamo e valutiamo le informazioni, portandoci spesso a decisioni subottimali. Tra i pregiudizi più comuni vi è il **bias di conferma**, che ci porta a cercare e interpretare informazioni che confermano le nostre convinzioni preesistenti, ignorando quelle che le contraddicono. Ad esempio, un investitore potrebbe convincersi che un titolo sia destinato a salire, ignorando segnali di mercato contrari, solo perché questo allineerebbe con le sue aspettative iniziali. Un altro pregiudizio frequente è l'**ancoraggio**, in cui ci affidiamo eccessivamente a un dato iniziale per prendere decisioni successive. Nel contesto finanziario, ciò può accadere quando valutiamo il valore di un'azione basandoci sul prezzo a cui l'abbiamo acquistata, invece di considerare le condizioni di mercato attuali. Questo tipo di ragionamento può portare a trattenere investimenti poco redditizi solo per evitare la "perdita" percepita rispetto al prezzo di acquisto. La **perdita di avversione** è un altro principio chiave della finanza comportamentale. Gli esseri umani tendono a temere le perdite più di quanto apprezzino i guadagni equivalenti. Questo significa che siamo più inclini a evitare rischi anche quando le probabilità di successo superano quelle di fallimento. Ad esempio, un investitore potrebbe rifiutare un'opportunità con un rendimento atteso positivo solo per paura di subire una perdita, anche se questa scelta potrebbe ostacolare la crescita del suo portafoglio nel lungo termine. Le emozioni giocano un ruolo centrale nel processo decisionale finanziario. La paura, l'avidità, l'euforia e il rimorso influenzano le nostre azioni in modi spesso imprevedibili. Durante una crisi di mercato, la paura può spingere gli investitori a vendere i loro asset, cristallizzando le perdite invece di aspettare una possibile ripresa. Allo stesso modo, l'euforia durante una bolla speculativa può indurre gli investitori a comprare in modo impulsivo, senza valutare adeguatamente i fondamentali degli asset. Comprendere e gestire queste emozioni è essenziale per evitare decisioni basate sull'istinto e sviluppare un approccio più razionale alla finanza. Un altro concetto chiave della finanza comportamentale è la **teoria delle prospettive**, sviluppata da Daniel Kahneman e Amos Tversky. Questa teoria descrive come le persone valutano le scelte che comportano rischi e incertezze. Secondo la teoria delle prospettive, tendiamo a sovrastimare l'impatto delle perdite rispetto ai guadagni, il che ci porta a comportamenti conservativi quando affrontiamo opportunità di guadagno e a rischi eccessivi quando cerchiamo di recuperare perdite. Questo spiega perché molti investitori raddoppiano le loro posizioni su asset in perdita, sperando in una ripresa, invece di accettare la perdita e riequilibrare il loro portafoglio. La **mentalità del gregge** è un altro fenomeno comportamentale comune nei mercati finanziari. Gli individui spesso seguono le azioni della maggioranza, supponendo che gli altri abbiano informazioni migliori o che sia più sicuro conformarsi alle scelte collettive. Questo comportamento può alimentare bolle speculative o crolli di mercato, come è accaduto durante la bolla delle dot-com o la crisi dei mutui subprime. Sebbene possa sembrare rassicurante seguire la folla, questa strategia spesso porta a risultati mediocri o addirittura dannosi, poiché il valore reale degli asset viene distorto dalla psicologia di massa. La **sovra-autostima** è un altro bias cognitivo che può portare a errori finanziari significativi. Gli investitori spesso sopravvalutano le proprie capacità di prevedere i mercati o di selezionare i titoli giusti, portandoli a prendere decisioni eccessivamente rischiose o a trascurare la diversificazione. Questo comportamento è particolarmente comune tra gli investitori individuali, che potrebbero non avere accesso alle stesse risorse analitiche o competenze dei professionisti. La finanza comportamentale non si limita a identificare errori cognitivi e comportamentali; fornisce anche strategie per superarli. Una delle tecniche più efficaci è l'adozione di un approccio sistematico alla gestione finanziaria. Creare un piano d'investimento chiaro e attenersi ad esso aiuta a ridurre l'influenza delle emozioni e dei bias cognitivi. Ad esempio, impostare regole predefinite per il ribilanciamento del portafoglio o per la vendita di asset può aiutare a prendere decisioni più razionali, anche in momenti di alta volatilità. L'educazione finanziaria gioca un ruolo cruciale nel mitigare gli effetti negativi dei bias comportamentali. Comprendere i principi di base dell'economia, dell'investimento e della gestione del rischio aiuta le persone a sviluppare una prospettiva più razionale e a evitare errori comuni. Risorse educative, come corsi online, seminari e libri di esperti del settore, offrono strumenti pratici per migliorare la propria alfabetizzazione finanziaria e sviluppare una maggiore consapevolezza dei propri comportamenti. Un'altra strategia efficace è la pratica della **consapevolezza finanziaria**. Questo approccio implica il monitoraggio regolare delle proprie abitudini di spesa, di risparmio e di investimento, con l'obiettivo di identificare e correggere comportamenti controproducenti. Strumenti digitali, come app di budgeting e piattaforme di analisi finanziaria, possono aiutare a visualizzare i propri modelli di spesa e a prendere decisioni più informate. Infine, la consulenza finanziaria può fornire un supporto prezioso per affrontare le sfide comportamentali. I consulenti finanziari professionisti non solo offrono competenze tecniche, ma possono anche fungere da "voce della ragione" durante momenti di incertezza o stress. Affidarsi a un esperto può aiutare a sviluppare strategie personalizzate che tengano conto delle proprie inclinazioni comportamentali e a mantenere la disciplina necessaria per raggiungere gli obiettivi finanziari a lungo termine. In conclusione, la finanza comportamentale rivela che il successo economico non dipende solo dalla conoscenza tecnica, ma anche dalla capacità di comprendere e gestire i propri comportamenti e le proprie emozioni. Riconoscere i bias cognitivi, adottare strategie sistematiche e investire nell'educazione finanziaria sono passi essenziali per migliorare il proprio rapporto con il denaro e massimizzare le opportunità di crescita economica. La chiave del successo finanziario risiede non solo nel fare scelte intelligenti, ma anche nell'evitare errori evitabili, mantenendo un approccio consapevole e razionale.

Capitolo 20: Economia Globale e Finanze Personali: Come il Contesto Influenza le Scelte Individuali

L'economia globale ha un impatto profondo e ineludibile sulla gestione delle finanze personali. Mentre molti aspetti delle decisioni finanziarie individuali, come il risparmio e l'investimento, sembrano essere sotto il controllo diretto dell'individuo, essi sono fortemente influenzati da forze economiche e geopolitiche su scala mondiale. Eventi globali, come le crisi economiche, le tensioni commerciali, le pandemie, i cambiamenti climatici e le innovazioni tecnologiche, creano dinamiche che modellano il contesto economico in cui operano gli individui. Questo capitolo esplorerà come queste forze influenzano le finanze personali e offrirà strategie per adattarsi a un panorama in continua evoluzione. Un aspetto fondamentale dell'influenza dell'economia globale sulle finanze personali è rappresentato dalle fluttuazioni dei tassi di interesse. Le politiche monetarie delle banche centrali, spesso guidate da condizioni economiche globali, determinano il costo del denaro. Quando i tassi di interesse sono bassi, il credito è più accessibile, stimolando consumi e investimenti. Tuttavia, ciò può anche ridurre i rendimenti sui risparmi e portare a un'accumulazione di debiti. D'altra parte, tassi di interesse elevati possono rallentare la crescita economica e aumentare i costi dei prestiti, ma offrono opportunità migliori per i risparmiatori. Gli individui devono monitorare attentamente i cambiamenti nei tassi di interesse e adattare le loro strategie finanziarie di conseguenza, ad esempio rifinanziando mutui o rinegoziando debiti durante i periodi di tassi bassi. Un altro fattore critico è l'inflazione, che può essere influenzata da tendenze economiche globali come l'aumento dei prezzi delle materie prime o le interruzioni delle catene di approvvigionamento. L'inflazione erode il potere d'acquisto del denaro, rendendo più costoso mantenere uno stile di vita stabile. Le persone devono adottare strategie per proteggere il loro capitale, come investire in beni che tendono a conservare o aumentare il loro valore in contesti inflazionistici, come immobili, oro o azioni di aziende resilienti. Inoltre, è essenziale pianificare il risparmio e il budget in modo flessibile, tenendo conto delle variazioni dei prezzi. Le crisi economiche globali, come quella del 2008 o l'impatto economico della pandemia di COVID-19, sono esempi evidenti di come eventi su larga scala possano destabilizzare le finanze personali. Durante tali periodi, molte persone sperimentano una perdita di reddito, una diminuzione del valore degli investimenti o difficoltà nell'accesso al credito. La chiave per affrontare queste situazioni è prepararsi in anticipo attraverso la creazione di un fondo di emergenza, la diversificazione delle fonti di reddito e l'adozione di strategie di investimento difensive. Ad esempio, detenere una parte del portafoglio in liquidità o in strumenti a basso rischio può fornire una rete di sicurezza durante i periodi di incertezza. L'economia globale influenza anche i mercati del lavoro, con implicazioni dirette sulle finanze personali. La globalizzazione ha creato un mercato del lavoro più interconnesso, ma ha anche introdotto nuove sfide, come la delocalizzazione dei posti di lavoro e la crescente automazione. Per rimanere competitivi, i lavoratori devono investire continuamente nella propria formazione e sviluppo professionale. Le competenze digitali, la conoscenza delle lingue straniere e la capacità di adattarsi rapidamente ai cambiamenti sono diventate fattori cruciali per garantire la stabilità del reddito e migliorare le opportunità di carriera.

Un altro fattore importante è rappresentato dai tassi di cambio e dal loro impatto sulle finanze personali, in particolare per coloro che lavorano o investono in un contesto internazionale. Le fluttuazioni valutarie possono influenzare il valore degli investimenti all'estero, il costo dei viaggi internazionali e il prezzo dei beni importati. Comprendere i meccanismi dei tassi di cambio e adottare strategie per mitigare i rischi valutari, come l'uso di contratti di copertura (hedging), può aiutare a proteggere il capitale e a ridurre l'impatto delle fluttuazioni.

Le tensioni geopolitiche, come guerre commerciali, conflitti internazionali o sanzioni economiche, hanno un impatto diretto sull'economia globale e, di conseguenza, sulle finanze personali. Ad esempio, le guerre commerciali tra grandi economie possono influire sui prezzi dei beni di consumo e sull'accessibilità dei prodotti tecnologici. In tali contesti, è importante rimanere informati sulle tendenze globali e adattare le decisioni finanziarie di conseguenza, ad esempio evitando investimenti in settori o regioni altamente volatili. Il cambiamento climatico rappresenta un'altra forza globale che sta influenzando sempre più le finanze personali. Eventi climatici estremi, come uragani o inondazioni, possono causare danni significativi alle proprietà e aumentare i costi delle assicurazioni. Inoltre, la transizione verso un'economia a basse emissioni di carbonio sta creando nuove opportunità e rischi per gli investitori. Ad esempio, le aziende che sviluppano tecnologie sostenibili o energie rinnovabili potrebbero offrire rendimenti elevati, mentre quelle che dipendono dai combustibili fossili potrebbero affrontare sfide crescenti. Gli individui devono considerare l'impatto del cambiamento climatico nelle loro decisioni finanziarie, sia attraverso l'adozione di polizze assicurative adeguate sia esplorando opportunità di investimento sostenibile. La tecnologia è un'altra forza globale che sta ridefinendo il panorama delle finanze personali. Innovazioni come le fintech, le criptovalute e l'intelligenza artificiale stanno rendendo i servizi finanziari più accessibili e personalizzati. Tuttavia, la rapida adozione della tecnologia introduce anche nuovi rischi, come la cybersecurity e la vulnerabilità ai crimini informatici. Gli individui devono adottare misure di sicurezza, come l'uso di password forti e l'autenticazione a due fattori, e valutare attentamente le opportunità offerte dalle nuove tecnologie per massimizzare i benefici e minimizzare i rischi. Infine, l'economia globale influisce sulle finanze personali attraverso le politiche governative, come la tassazione, i programmi di stimolo economico e i regolamenti finanziari. Ad esempio, i cambiamenti nella tassazione possono alterare il reddito netto e le decisioni di spesa, mentre i programmi di sostegno governativo possono offrire opportunità per migliorare la stabilità economica. Essere informati sulle politiche economiche nazionali e internazionali consente agli individui di prendere decisioni finanziarie più consapevoli e di sfruttare le opportunità disponibili. In conclusione, l'economia globale è una forza potente che influenza ogni aspetto delle finanze personali. Comprendere come le tendenze macroeconomiche, le politiche monetarie, i cambiamenti climatici e le innovazioni tecnologiche influenzano le dinamiche economiche consente agli individui di adattarsi e prosperare in un contesto in continua evoluzione. Attraverso una combinazione di educazione finanziaria, pianificazione strategica e adattabilità, è possibile navigare con successo le complessità dell'economia globale e costruire una base finanziaria solida e resiliente.